U0583950

群星闪耀

欧洲文明的涅槃与重生

[美] 约翰·D. 莱特◎著　　叶泉◎译

THE RENAISSANCE

THE CULTURAL REBIRTH OF EUROPE

JOHN D. WRIGHT

浙江人民出版社

图书在版编目（CIP）数据

浙江省版权局
著作权合同登记章
图字：11-2019-260 号

群星闪耀：欧洲文明的涅槃与重生 /（美）约翰·D. 莱特著；叶泉译. —杭州：浙江人民出版社，2022.9

ISBN 978-7-213-10671-2

Ⅰ. ①群… Ⅱ. ①约… ②叶… Ⅲ. ①文化史－欧洲－14—17 世纪 Ⅳ. ① K503

中国版本图书馆 CIP 数据核字（2022）第 123485 号

群星闪耀：欧洲文明的涅槃与重生

QUNXING SHANYAO: OUZHOU WENMING DE NIEPAN YU CHONGSHENG

[美]约翰·D. 莱特　著　叶　泉　译

出版发行：浙江人民出版社（杭州市体育场路 347 号　邮编　310006）
市场部电话：（0571）85061682　85176516
责任编辑：潘海林　王月梅
营销编辑：陈雯怡　赵　娜　陈芊如
责任校对：王欢燕
责任印务：刘彭年
封面设计：创研设
电脑制版：北京创智明辉文化发展有限公司
印　　刷：杭州丰源印刷有限公司
开　　本：710 毫米 ×1000 毫米　1/16　印　　张：17
字　　数：220 千字　插　　页：4
版　　次：2022 年 9 月第 1 版　印　　次：2022 年 9 月第 1 次印刷
书　　号：ISBN 978-7-213-10671-2
定　　价：118.00 元

目录

群星闪耀：欧洲文明的涅槃与重生

第 1 章

缘　起

一般认为，文艺复兴运动发生于14—16世纪。虽然某些史学家对于这个概念及其存续时间均存在争议，但他们在一点上达成了共识：以佛罗伦萨为首的强大的意大利城邦，利用地中海贸易聚集而来的财富，推动了文艺复兴这一思想及艺术繁荣时期的到来。

"Renaissance"一词来源于法语，意为"重生"，用于指称大约产生于14世纪的探究文化和科学的新热情。今天大多数学者倾向于这是对古典文化的复兴，而非一次近代的跃进。但在这一时期，人们意识到，僵化的中世纪[①]不知埋没了多少智慧和知识，这种觉醒的确是一种进步。意大利人文主义学者突出那段封建主义占统治地位的黑暗岁月，来反衬他们所生活的拥有全新精神的崭新时代，这种精神是通过重新发现及复兴希腊和罗马古典文化产生的。

前页图：佛罗伦萨大教堂的壁画《但丁在讲解〈神曲〉》（1456），是当地画家多梅尼科·迪·米切利诺的作品。

① 中世纪从5世纪持续到15世纪，通常认为这是欧洲文明史上发展比较缓慢的时期，常被描绘成"无知和迷信的时代"。

文艺复兴发轫于14世纪的意大利，这是哥特式艺术结束的时候。这股艺术新思潮时期在意大利被称为“十四世纪时期”，但1348年蔓延欧洲的中世纪大瘟疫停止了新思想前进的脚步。1348年的佛罗伦萨有12万人，三年后骤减至5万人。瘟疫也迫使许多艺术家离开了城邦里的艺术中心。尽管遭受了毁灭性的打击，产生深远影响的意大利诗人弗兰齐斯科·彼特拉克（1304—1374）依然呼吁恢复丧失的古典文化，他的行为几经发展，最终形成了文艺复兴运动。此外，人性的价值和觉醒激励彼特拉克传播人文主义的观点，这也推动了文化的复兴。

古典重现

文艺复兴运动早期致力于学习并超越希腊和罗马已经失传的古典文化，提出要回归古典的价值和智慧。14世纪文艺复兴的拥护者认为，与中世纪基督教所描写的现实相比，亚里士多德、西塞罗及其他古典思想家的著作中所描述的才是真正的现实生活。

公元前146年，科林斯战役[①]结束后，罗马帝国开始了对希腊城邦的统治。在艺术、建筑等方面，希腊文化给

① 公元前146年罗马帝国与希腊城邦科林斯之间的一场战役，以科林斯的完败而结束。

罗马帝国带来了深刻的影响。西罗马帝国于476年解体，而在东罗马帝国（拜占庭帝国），依然是希腊文化占主导地位。东罗马帝国在希腊人的领导下抵抗外来侵略者，直至1453年奥斯曼土耳其帝国攻陷了君士坦丁堡。拜占庭帝国的学者逃入西欧，带

下图：1453年苏丹穆罕默德二世的大军攻破了巍峨的城墙，君士坦丁堡沦陷。

去了从阿拉伯文翻译过来的古希腊文本，西欧因此获益。帕多瓦的人文主义学者，如彼特拉克等人，就曾读过拜占庭传过来的荷马著作手稿。拜占庭人从阿拉伯人那里学会了造纸术，传给了意大利人。意大利在13世纪有了造纸业，后来不断发展壮大。

这一部分历史的文字记载大多遗失，或在罗马帝国衰落后为人所忽略。由于教育制度式微，罗马人不再学习和书写古典拉丁文，使得拉丁文成为教会语言，拉丁文本也只能由教士缓慢地手抄。

下图：诗人和学者彼特拉克，他收集了许多经典手稿，弘扬人文主义精神，促进了文艺复兴的发生。

人文主义兴起

人文主义，也被称为文艺复兴人文主义，它推动了古典文化的复兴。倡导人文主义的学者反对依附基督教神学那些抽象的教条，他们希望探索、完善人类的潜能。而达到这个目的，则需要研读和翻译古希腊和罗马学者在艺术、文学、哲学、政治和历史等领域的作品。文艺复兴时期的人文主义为古罗马“humanitas”（人性，或人文精神）思想注入了新的活力，是对人类美德的理性探索。

意大利诗人、伟大的学者彼特拉克，对文艺复兴的影响最为深远。他曾在意大利数个城邦生活，包括佛罗伦萨，这段经历催生了他对古代作家的喜爱之情。他还学习了古拉丁语，故而在游历欧洲时，能够研究修道院和图书馆中的旧手稿。在此期间，彼特拉克甚至搜集到伟大的罗马演说家、政治家和哲学家西塞罗的亲笔信件。另外，彼特拉克还完善了十四行诗，并于1341年成为罗马桂冠诗人，开现代西方诗界的先河。尽管秉持人文主义的观念，彼特拉克却在1326年进入教廷供职。在他看来，古典著作中也蕴含宗教理念，而且上帝赋予人类理性，使之担负管理上帝创造出的世界的职责，所以基督教会不应受到轻视。

意大利城邦

意大利城邦皆为独立的国家，这对文艺复兴的产生和发展至关重要。这些强大的城邦兴起于中世纪，其控制范围不仅包括城邦周边地区，有时甚至包括其他城市。城邦之所以具有独立性，关键在于当时神圣罗马帝国皇帝及罗马教皇的权威被削弱，尤其在北部的城邦，如佛罗伦萨、锡耶纳和威尼斯。费拉拉和乌尔比诺等中心地区的城市仍掌握在天主教会手中。北方城市往往采用自治的共和制政体，城邦法律由公民制定，不过，实权依然掌握在贵族和新兴的资产阶级手中。这个刚刚崭露头角的阶层通过生产羊毛织品和其他热销商品，参与当时非常繁荣的地中海贸易，逐渐积累了财富。资产阶级的另一条生财之道是银行业务，彼时由强大的美第奇家族掌控。这些财富被用于艺术领域和公共事业，例如建造米兰大教堂。

神圣罗马帝国皇帝和罗马教皇的权威被削弱，这是意大利城邦独立的关键。

佛罗伦萨拥有充满活力的市民阶层，而且手握大量财富。在这两个因素的推动下，佛罗伦萨于14世纪率先开启了文艺复兴运动。当时城邦人口约为9.5万，这里孕育出了美第奇家族、达·芬奇、米开朗琪罗、但丁和伽利略等科学文化巨擘。1285—1340年，佛罗伦萨在城邦四周建起高耸的城墙，为市民和他们的财富提供庇护。城邦行业协会推选出各行业的精英，组成城邦管理集团，然后再选出佛罗伦萨的最高长官，作为城邦最高统治者，不过富裕的银行家和商人仍掌握大部分实权。

在意大利各大城邦中，威尼斯是独一无二的，因为它作为独立城邦共和国的历史最为悠久。自

下图：1338年处于鼎盛时期的威尼斯，城内有纵横交错的运河。（该画现存于牛津博德莱安图书馆）

马可·波罗

探险家马可 · 波罗（约1254—1324）或许是最著名的威尼斯人。他的父亲和叔叔都是钻石商人，三人一同漫游至中国。1275年，他们一行到达元朝统治者忽必烈的夏宫，马可 · 波罗被委任为可汗的特使，前往全国各地执行任务。在中国居住了17年后，三人于1295年[1]返回威尼斯。之后，马可 · 波罗参加了威尼斯和热那亚之间的海战，1298年被热那亚人俘获，关入大牢。在狱中，一位意大利比萨的作家记录下他在中国各地的见闻。作品出版后，这些故事广为流传，有多种语言版本，激发了文艺复兴时期人们的冒险精神。

[1] 路上用时三年。——编者注

7世纪末到18世纪末，持续了整整1000年。此外，威尼斯的地理环境优越，适宜开展航运。早在中世纪，这里与欧洲的贸易往来就非常频繁，威尼斯也紧随佛罗伦萨之后，成为文艺复兴初期商业和艺术交流的中心。威尼斯还为第四次十字军东征提供了海运支持。这次东征并没为基督教欧洲实现重夺耶路撒冷的目的，却在1204年洗劫了君士坦丁堡。在1350—1381年的战争中，威尼斯舰队击败了热那亚舰队，确立海上霸主的地位。

美第奇家族

14世纪，佛罗伦萨的美第奇家族通过经营银行业务和商业发家致富。强大的美第奇王朝由乔凡尼·迪比奇·德·美第奇开创，他的长子人称“长老科西莫”（1389—1464），自1434年起统治佛罗伦萨，直至去世。科西莫到处搜集古代手稿，建立起藏书量惊人的图书馆，并复录人文主义及其他领域学者的手稿，进行传播。他还去聆听希腊学者的演讲，狂热地崇拜柏拉图，甚至在自己的豪宅内修建了一所柏拉图学园。科西莫和他的儿子们都热衷于赞助艺术。文艺复兴运动在佛罗伦萨蓬勃发展，这里由此成为欧洲文化的发源地。与科西莫相比，其孙子“伟大的洛伦佐”（1449—1492）对艺术的赞助有过之而无不及，许多大名鼎鼎的艺术家，包括波提切利、达·芬奇和米开朗琪罗等，都获得过洛伦佐的资助。

下图：科西莫是第一个统治佛罗伦萨的美第奇家族成员，他并非名义上的当权者，而是在幕后操纵佛罗伦萨的政坛。

1397年，美第奇家族开始涉足银行业，建立美第奇银行，取代了巴德和佩鲁齐两大家族

上图：佛罗伦萨的乌飞齐美术馆。原是科西莫存放藏品的地方，现已成为世界闻名的博物馆，每天参观的访客约为1万人。

在业内的地位。1345年，英格兰国王爱德华三世无法偿还其天文数字的债务，导致这两大家族破产。意大利银行业改革记账方法，开创了复式记账法，并首次使用阿拉伯数字来代替罗马数字。

羊毛和布匹是14世纪佛罗伦萨的主要产品，美第奇家族银行与出口这些产品的公司皆有合作关系。为了规避天主教会禁放高利贷的规定，银行将贷款利息设为“其他支付款项”。托斯卡纳语中将这种行为称为“rischio”，这便是英文单词risk（风

从阶下囚到独裁者

长老科西莫是当时的欧洲首富。美第奇家族的银行管理着罗马教皇的资产，教皇庇护二世还特批家族独家采矿，生产供佛罗伦萨纺织业使用的明矾（金属盐）。科西莫的显赫权力并没有使他免遭敌人阿尔比齐家族的毒手。1431年，阿尔比齐家族发动政变，传唤当时正在度假的科西莫，指控他“谋求不正当的权力”。科西莫返回后当即被捕，关押在佛罗伦萨市政大楼维奇奥宫一个狭小的地牢里。虽然被判处死刑，但科西莫贿赂了司法部长，将判决改为流放。科西莫在帕多瓦和威尼斯等地流亡了一年，在此期间，美第奇家族操纵了佛罗伦萨的选举，取得政府的控制权。科西莫得意扬扬地重返佛罗伦萨，将阿尔比齐家族逐出此地，永世不得返回。此后，长袖善舞的科西莫营私舞弊，一步步登上了权力的顶峰，在余生中居于幕后，独揽佛罗伦萨的大权。

险）的来源。1402年，美第奇家族银行在威尼斯设立了分行，后来陆续在米兰、日内瓦和伦敦等众多城市开设分行，逐渐发展成当时最大的银行机构。1252年，佛罗伦萨发行弗罗林金币，通过贸易流通于整个欧洲，自此确立了佛罗伦萨货币流通和银行业的中心地位。

通过赞助意大利最优秀的艺术家，美第奇家族的财富与权力披上了耀眼的荣光。这些顶尖的艺术家受美第奇家族的委托，建造和装饰城邦内的大型教堂，在城市中心修建占地数英亩的豪华宫殿。家族还到处搜集各类画作，包括家族成员的肖像画。16世纪，科西莫一世（1519—1569）委托乔治·瓦萨里建造了佛罗伦萨乌飞齐（意为“办公室”）行政大楼，大楼内部开设了一家小型的艺术博物馆。后来，这里发展为托斯卡纳大公的艺术品藏馆。1769年，这里改名为乌飞齐美术馆，向公众开放，从此名满天下。

“十四世纪”：冉冉朝阳

“trecento”（十四世纪）为意大利语，首次使用于19世纪，用于描述14世纪早期的文艺复兴时期，是“mille trecento”（1300年）的缩写。这个时期持续至1400年，是一个极富创造力的时期，涵盖了中世纪哥特艺术、早期文艺复兴艺术等诸多艺术流派。其中最有影响力的有两个艺术流派，一个是由乔托·迪·邦多纳（1267—1337）领导的佛罗伦萨文艺复兴前期流派，乔托以写实主义绘画著称。另一派是杜乔·蒂·博宁塞纳（1255—1318）领导的锡耶纳画派，杜乔创造了国际哥特主义，是当时对拜占庭艺术的一种传承，以丰富多彩的宗教绘画而闻名。文艺复兴早期的其他重要艺术家还有西蒙·马丁尼（1284—1344），以及洛伦泽蒂两兄弟安布罗吉奥（1290—1352）和彼得罗（1280—1348）。西蒙·马丁尼以色彩明艳的手稿著称，曾是乔托或杜乔的学生。洛伦泽蒂兄弟二人先对佛罗伦萨艺术产

下图：《圣母与圣婴》（1310—1315），佛罗伦萨艺术家和建筑家乔托的作品。乔托的画作具有写实主义风格，这是当时绘画的新趋势。

生了浓厚兴趣，之后，在锡耶纳形成各自独特的风格，安布罗吉奥擅长透视和纹饰，而彼得罗以写实手法和对色彩的掌控而闻名。

文艺复兴早期还出现了许多杰出的雕塑作品。在比萨，乔瓦尼（1250—1314）和安德里亚（1295—1348）这两位雕塑家同姓皮萨诺，但彼此并无亲属关系，两人贡献了许多优秀作品。乔瓦尼的代表作是皮斯托亚大教堂讲经坛的雕刻群像，完成于1301年，当中的《天使报喜》和《耶稣诞生》两个片段，将人物痛苦不安的神情表露无遗。英国雕塑家亨利·摩尔将他誉为“现代雕塑之父”。乔瓦尼对比萨两位哥特式雕塑家安德里亚·皮萨诺和乔瓦尼·迪·巴迪克西欧（约1290—1349）影响深远。

在文艺复兴早期，雕塑与建筑密不可分。安德里亚·皮萨诺为佛罗伦萨大教堂的洗礼堂雕刻了三扇青铜门，在大教堂首席建筑师乔托的悉心指导下，三扇青铜门于1336年完工。次年，乔托去世，皮萨诺成为他接班人，接手了一座钟楼的建筑工作，雕刻钟楼上的浮雕和塑像。他最著名的学生是安德里亚·迪·乔内，一位集艺术、雕塑和建筑才华于一身的优秀人才。

当时，仅有少部分人能读书识字。这种情况下，意大利依然诞生了不少文学巨匠。但丁、彼特拉克和薄伽丘三位作家在众人中脱颖而出，傲视意大利文坛，创作了让人惊艳的文学作品，给后世带来深远的影响。但丁的史诗巨著《神曲》出版于1320年，这部代表作从人文主义的角度创造了一个幻想世界，以第一人称的口吻描述了一次游历地狱、炼狱和天堂的旅程。作品使用的语言是托斯卡纳方言，这标志着文艺复兴的一大进步。《神曲》为许多艺术家带来了创作灵感，例如，波提切利、萨尔瓦多·达利以及雕塑家罗丹。彼特拉克将十四行诗发展至新的高度，成为当时名望最高的诗人。薄伽丘（1313—1375）推广了通俗文学，以现实主义巨著《十日谈》

当时，仅有少部分人能读书识字。这种情况下，意大利依然诞生了不少文学巨匠。

左图：人文主义画作《但丁和彼特拉克》（约1430），作者为佛罗伦萨人乔瓦尼·达·蓬特，他推动了早期文艺复兴绘画的发展。

蜚声文坛。作品创作于1348—1353年，以平易近人的笔触刻画了普通人的悲欢离合。他的叙事诗影响了整个欧洲的作家，包括英国的杰弗里·乔叟。1350年，薄伽丘在佛罗伦萨首次遇见彼特拉克，两人共同推动了人文主义的发展。

乔内四兄弟

安德里亚·迪·乔内（1308—1368）也被称为奥尔卡尼亚，是公认的杰出画家、雕塑家和建筑师，经常与他的三个兄弟雅各布、纳尔多和马泰奥合作。由于兄弟四人的艺术专长相同，奥尔卡尼亚的作品有时被误归于他哥哥纳尔多的名下。四人中雅各布年龄最小，经常由他完成三位哥哥未完工的作品，他独创的作品有佛罗伦萨圣洛伦佐教堂的祭坛画。

奥尔卡尼亚最著名的雕塑作品是奥尔桑米凯尔兄弟会委托他建造的大理石礼拜堂，工作的报酬是1348年的鼠疫中人们祈求圣母玛利亚保佑时奉献的祭品。在佛罗伦萨，他最受推崇的画作是佛罗伦萨学院里的《圣伯纳的愿景》，以及圣皮埃尔马吉奥里教堂里的《圣母加冕》。在同一座教堂，他的弟弟雅各布于1370年与尼科洛·迪皮特罗·格里宁合作，创作了一幅12面祭坛装饰画，其中有些现存于英国国家美术馆中。马泰奥去世后，雅各布完成了他在佛罗伦萨大教堂的大理石雕塑遗作。

但丁

但丁·阿利吉耶里（1265—1321）出生在佛罗伦萨，其家族活跃于政坛，他早年的愿望是成为一名药剂师。1285年，在家族的安排下，但丁与一位世交的女儿结婚。但他真正的意中人是贝缇丽彩·坡提纳里，后来这位女子在《神曲》中担任了“天堂引路人”的角色。贝缇丽彩于1290年去世，但丁在他的第一首诗《新生》中，抒发了对她的真挚爱恋。但丁后

地狱之旅

在《神曲》中，希腊神话中冥王的船夫、渡神卡戎将但丁渡过冥河，送入地狱，途中看到一段世人皆知的警示：“汝等进入此地，须弃绝希望。”之后，担任但丁地狱之旅向导的是伟大的罗马诗人维吉尔，他带领但丁，让他目睹了令人恐惧的种种酷刑。撒旦的三张血盆大口不断噬咬着犹大、布鲁图斯

和卡西乌斯。这三人中，犹大出卖了基督，后两人则暗杀了尤利乌斯·恺撒，但丁将犹大与后两人相提并论，说明他将基督和恺撒分别作为天上与人间的代表。其他遭受酷刑的是与但丁同时代的人，比如收受贿赂的政客，他们永世深陷于滚烫的沥青中，永生铭记他们在人间那些贪得无厌的行径。但丁在此还看到了令人毛骨悚然的一幕：比萨的乌哥利诺伯爵在啃咬鲁吉埃里大主教的脑袋，后者于1289年将伯爵、伯爵的两个儿子和两个孙子封堵在一座塔楼中，致使五人因饥饿惨死。

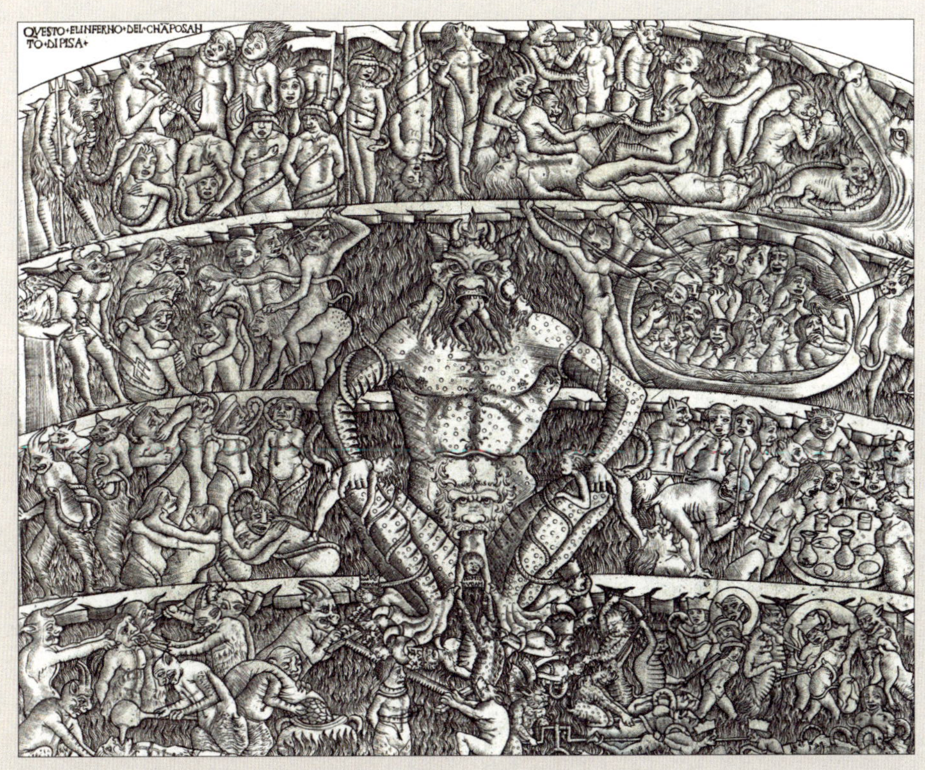

上图：在但丁所著的《神曲·地狱篇》中，撒旦坐于中心，周围是遭受酷刑的灵魂。

来投身政坛，担任过一些重要的公职。在政治上，但丁支持君权，他曾在《帝制论》中阐释过这个政治主张，这使他与支持教皇的佛罗伦萨统治者产生了冲突。1302年，时年37岁的但丁遭到终身流放，被迫离开了他心爱的城市佛罗伦萨。在被流放的20多年间，但丁潜心写作，著述颇丰，既有诗歌也有理论著作，涉猎哲学、政治等主题。他的鸿篇巨制《神曲》即在这一时期创作，在他逝世前一年完成于拉韦纳。

乔托

乔托·迪邦多内被誉为“第一位伟大的意大利绘画大师”“欧洲绘画之父”。13世纪末，乔托师从大画家契马布埃，后来成为使西方绘画摆脱中世纪美术程式的第一人。乔托的作品以人物画像为主。他将现实主义注入创作，将真实情感赋予他画笔下的人物，使他们成为有血有肉、有人情味的世间男女。他可能是第一位在创作中使用透视手法的画家。乔托最为著名的画作是《耶稣诞生》，这是他在帕多瓦的斯科罗维尼教堂里创作的一组壁画，大约完成于1305年。这一时期，他在罗马创作了几幅作品，其中一幅是圣彼得大教堂入口处的《纳韦切拉》（即《基督水上行走》）。

作为开创性的人物，乔托摒弃了中世纪生硬呆板的绘画技法，创造了一种新的表现现实的绘画手法，这种手法也为米开朗琪罗等后来的文艺复兴艺术家所采用。乔托声名显赫，他还在世时，就已出现在但丁的著作《神曲》中。

古腾堡：为印刷传播插上翅膀

要将意大利的文艺复兴潮流扩展至整个欧洲，良好的传播媒介必不可少。1440年，德国的约翰内斯·古腾堡发明了活字印刷机器，取代了木制的活字印刷，传播媒介的问题迎刃而解。在整个西欧，图书得以大量印刷复制，广泛传播了前人的智慧。至1500年，图书印刷量已经超过2000万

左图：1455年的古腾堡版《圣经》，由古腾堡及两位合伙人约翰·福斯特和彼得·舍弗在德国美因兹印刷出版。

册，到1600年，这一数字上升到2亿。古腾堡最大的成就是出版了古腾堡版本的《圣经》，从此以后，教会以外的普通人也可以人手一本《圣经》。有了古腾堡的发明，报纸首次得以大规模地出版印刷。1605年，最早的报纸由德国的约翰·卡诺鲁斯在斯特拉斯堡印刷发行，受到读者的欢迎。巴塞尔、法兰克福和柏林等地纷纷效仿，相继发行了当地的报纸杂志。英格兰第一份报纸——《牛津公报》于1665年面世，当时伦敦鼠疫正在肆虐。第一份日报《每日新闻》于1702年在伦敦发行。

文艺复兴思潮于15世纪传入欧洲。意大利城邦的财富和文化活力吸引着众多西欧人的到来，当中包括学者、银行家和艺术家。他们从意大利回到故土时，也带回了文艺复兴的思想。由于各地文化的差异，这股思潮虽然有着不同的表现形式，但始终提倡以人文主义的视角回溯古希腊和古罗马

汉斯·荷尔拜因

汉斯·荷尔拜因也被称为小汉斯·荷尔拜因，他的父亲是一位成就颇丰的艺术家。荷尔拜因出生于巴伐利亚的奥格斯堡，曾移居瑞士的巴塞尔，后为文艺复兴所吸引，前往意大利。他受到阿尔布雷特·丢勒的艺术熏陶，1515年，与荷兰人文主义学者德西德里乌斯·伊拉斯谟相识，获赠其著作《愚人颂》。1526年，荷尔拜因前往英国寻求工作机会，他是英国第一位受过意大利文艺复兴艺术训练的优秀画家。荷尔拜因是一位天主教徒。1527年，他为英格兰大法官托马斯·莫尔爵士画像。1534年，莫尔抗议亨利八世与原配离婚，反对亨利八世将英国国教脱离罗马教廷。同年，荷尔拜因回到瑞士，当地新教徒打砸巴塞尔大教堂的艺术品和雕像，令他大为惊恐。荷尔拜因遂返回英国，继续进行肖像画创作，这些作品中有一幅是托马斯·克伦威尔的肖像画。1536年，他开始为亨利八世画像，这些作品非常逼真，细节处理精到，充分反映出文艺复兴时期艺术的写实主义特点。

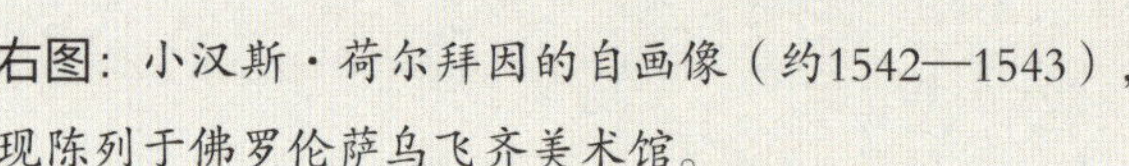
右图：小汉斯·荷尔拜因的自画像（约1542—1543），现陈列于佛罗伦萨乌飞齐美术馆。

的智慧。德国纽伦堡的阿尔布雷特·丢勒（1471—1528）就从意大利文艺复兴中获益良多。1505—1507年，丢勒住在意大利，这段经历激发了他对人体比例和线性透视的兴趣。他的木刻和版画作品融合了德国和意大利的艺术风格，体现出人文主义的思想观念。佛兰德斯（现为比利时）的老彼得·勃鲁盖尔（1525—1569）也曾在意大利学习绘画，他的人物画像真实自然，多描绘人们的工作、用餐及休闲等现实生活中的场景。

文艺复兴全面展开

在意大利的经历也让欧洲作家受益匪浅。米格尔·德·塞万提斯（约1547—1616）出生在马德里附近，后前往罗马，在那里他逐渐熟悉文艺复兴的文学和艺术风格。塞万提斯应征加入西班牙军队，参加那不勒斯的战争，1575年被奥斯曼帝国的海盗

左图：塞万提斯有西班牙“文学王子”的美誉。他的代表作《堂吉诃德》被认为是文学史上第一部现代小说，也是西班牙最伟大的小说。

俘虏，被囚禁在阿尔及尔长达5年，1580年支付赎金后才获释。之后他返回马德里，以文艺复兴的现实主义风格，用通俗的语言，将这些跌宕起伏的真实经历记录下来，成就了他的代表作《堂吉诃德》。该书于1605年和1615年分上、下两部出版，是文学史上公认的第一部现代小说。

北欧一些重要的思想家通过传播自己的著作来推动文艺复兴。来自荷兰鹿特丹的人文主义学者德西德里乌斯·伊拉斯谟（约1466—1538）在其1509年出版的《愚人颂》中，对神职人员和学者进行了辛辣的批判。德国的神学者马丁·路德（1483—1546）是宗教改革的主要推动者，他将亚里士多德视为导师。英格兰的托马斯·莫尔爵士（1478—1535）于1516年撰写了他不朽的著作《乌托邦》，在书中他设想了一个理想的社会。理想社会里各种宗教信仰都能得到尊重，男女两性都能获得受教育的机会，所有的政府官吏都诚实可信。威廉·莎士比亚（1564—1616）在1623年出版了他的第一本戏剧集，将皇室和平民生活的问题用戏剧化的手法表达出来，借此突出作品中的人文主义因素。

文艺复兴思潮倡导人是自然世界的主宰，这一观点在欧洲激起广泛共鸣，许多人在科学探索和海外探险方面取得了令人瞩目的成就。佛罗伦萨人莱昂纳多·达·芬奇（1452—1519）是其中出类拔萃的天才。他涉猎颇广，研究的内容甚至包括解剖学。他解剖了约30具尸体，以观察人体的运行机制，并将人体称为“人的工具性构造”。布鲁塞尔的安德烈亚斯·维萨留斯（1514—1564）继承了这种探索精神，他在帕多瓦完成了医学方面的学业。1539年，一位法官了解到维萨留斯对解剖学的兴趣，便为他提供被处决的罪犯尸体，供其解剖。他将观察结果记录在1543年出版的《人体结构》一书中，推翻了数百年来医学上的一些错误观点。他还以观察结果为基础，将来源于解剖和外科的知识运用到医学实践中。

在探索医学的同时，欧洲人也进行了海外探险。1492年，热那亚人克里斯托弗·哥伦布发现了新大陆。葡萄牙探险家费迪南·麦哲伦（约

1480—1521）率领船队，开启了人类第一次环球航行，航程最终于1522年完成，但是一年前麦哲伦已在太平洋一个小岛上被当地居民杀害。文艺复兴这种征服自然的精神，被欧洲人传播到他们占领并定居的新大陆上。

当时科学探索的触角已延伸至太阳系。1510年，达·芬奇就准确观测到月球表面的地球反照。1543年，波兰天文学家尼古拉·哥白尼（1473—1534）提出了震惊世人的天文学理论——日心说。

探索与牺牲

1519年，受西班牙国王派遣，麦哲伦率领五艘船离开西班牙，计划从东向西横跨半球，探寻通向香料群岛[1]的航海路线，以获得丁香、黑胡椒、肉桂和肉豆蔻等昂贵的香料。不到一个月，这支小型船队就到达南美洲。1520年他们绕过一条南部海峡，后人称之为“麦哲伦海峡”。之后，舰队中的一艘船失事沉没，装载粮食最多的船反叛，返回西班牙。麦哲伦和手下排除万难，成为第一批到达太平洋的欧洲人。他们登陆菲律宾的宿雾岛，麦哲伦说服该岛的统治者皈依基督教后，同意帮助他抗击麦克坦岛的敌人。麦哲伦自恃拥有欧洲的长枪大炮，不顾同伴警告，进攻时冲在最前面，结果被毒箭射中，于1521年4月27日去世。舰队中的一艘船继续向西行驶，于1522年9月8日返回西班牙。启航时船上共有270名欧洲探险勇士，此时仅幸存17人，他们成就了人类历史上第一次环球航行。

[1] 即东印度群岛，15世纪时欧洲国家将东南亚盛产香料的岛屿统称为香料群岛，说明了当时欧洲人对东方香料的渴求。——译者注

BVRGHESIV ROMANVS ONT MAX AN MD XII PONT VII

第 2 章

艺术与建筑

文艺复兴思潮的曙光初现于艺术领域。意大利画家和雕塑家展现了艺术上的新形态，创造了艺术的新风尚——现实主义风格。他们不必诉诸文字，只需让作品说话，即可为他们的新主张代言。当时普通民众大多不具备读书识字的能力，所以他们不劳艺术家长篇大论，只用眼睛就可以体会这股令人叹为观止的艺术新浪潮。

14世纪的艺术形式已无法维系。在艺术领域，天主教会自然不愿看到以凡夫俗子的形象去表现宗教圣徒，也反对去除圣徒周身的宗教象征。然而，教会无法阻止艺术向现实主义的转变，画家在创作中运用透视法等新理念，创造出视觉上的深度和空间感，使画像中的人物更为逼真，这也与天主教会对圣徒形象的要求背道而驰。艺术作品的主题也发生了变化。受人文主义的启发，艺术家们对非宗教人物的描绘兴趣高涨，他们将传统的裸体形象重新引入作品中。印刷机器在传播文艺复兴艺术作品中发挥了尤其重要的作用，将蚀刻、雕刻和木刻的艺术作品进行复制，传播至欧洲乃至更远的地方。此

前页图：建于1506—1626年的圣彼得大教堂，由米开朗琪罗设计。但教堂圆顶尚未建成，他便与世长辞。

上图：弗朗切斯卡《受鞭挞的基督》（15世纪末期），使用了线性透视手法。艺术家将主要人物基督置于背景中，这种处理与众不同。

外，艺术家们还创作自画像，或者将自己的肖像加入绘画中，使作品更具个性。有些艺术家甚至在作品上签名。佛罗伦萨艺术家皮耶罗·德拉·弗朗切斯卡在他的版画《受鞭挞的基督》中，大胆地将自己的名字用拉丁文写在耶稣脚边。

雕塑艺术也在发生变化，雕塑家依然从古典作品中寻找灵感，但他们给作品增添了前所未有的现实感、活力和动感。多纳泰罗在他的雕塑作品《抹大拉的玛丽亚》中，为雕塑主体添加了痛苦的神色。而米开朗琪罗以及后来常住意大利的佛兰德斯雕塑家詹博洛尼亚，都为其作品赋予动感的韵律。

文艺复兴时期的建筑师则试图重现罗马帝国那些伟大的建筑。他们不辞辛劳，一遍遍前往罗马和雅典，对罗马斗兽场、君士坦丁凯旋门、古罗马城市广场、万神殿、马切罗剧场等古典建筑遗址进行实地考察，一边速写记录，一边做详细的笔记。许多文艺复兴时期的建筑都体现了建筑师这种对古典建筑重燃的兴趣，如罗马圣彼得大教堂，后来遍布欧洲各国的凯旋门等。巴黎的凯旋门和伦敦的惠灵顿拱门，都是在19世纪新古典主义复兴时期建造的。古希腊的多立克柱、爱奥尼克柱和科林斯柱等装饰细节在世界范围内得到广泛复制，大英博物馆和布莱尼姆宫等都是典型的例子。在美国，这些建筑柱式细节大量用于重要的公共建筑，如华盛顿特区的国会大厦、最高法院大厦和林肯纪念堂等。这些立柱也出现在美国南方各州私人住宅的门廊上。时至今日，许多美国现代住宅依然沿用这类立柱。

下图：路易吉·潘帕洛尼的布鲁内莱斯基雕像（约1838），雕像面对佛罗伦萨大教堂，注视着布鲁内莱斯基所建造的雄伟的教堂穹顶。

新技法、新视角

菲利普·布鲁内莱斯基（1377—1446）是佛罗伦萨的建筑师和工程师，他在1415年率先使用线性透视法。在线性透视中，两条或多条平行线向远处延伸直至聚合在一个灭点上，物体随着距离的增加而变小，从而制造出一种纵深感，给以往扁平的图像艺术注入逼真的现实感。一些艺术史学家认为，这种透视法可能是古希腊和古罗马艺术中一种一度失传的技艺。

布鲁内莱斯基曾接受过金匠和雕刻方面的训练。1410—1415年，他重新发现了线性透视法，并首次使用该技法将佛罗伦萨的街道和建筑物绘制于两块画板上，不过这两幅画板已经遗失。人文主义艺术家、建筑师莱昂·巴蒂斯塔·阿尔伯蒂（1404—1472）是布鲁内莱斯基的合作伙伴，他首次记录了线性透视技法。阿尔伯蒂的《论绘画》一书于1435年出版，是献给布鲁内莱斯基的专著。书中解释了如何通过安排空间和深度来创建三维图像，给意大利艺术带来了变革。皮耶罗·德拉·弗朗切斯卡等艺术家则在此基础上继续研究透视法的原理。1474—1482年，皮耶罗撰写了《论绘画中的透视》一书，并通过自己的艺术作品展示这种技法，如他于1466年在阿雷佐的圣弗朗西斯科教堂完成的壁画《真十字架传奇》。其他掌握透视技法的人还有雕塑家多纳泰罗、佛罗伦萨的艺术家马萨乔，达·芬奇和德国人文主义艺术家丢勒。

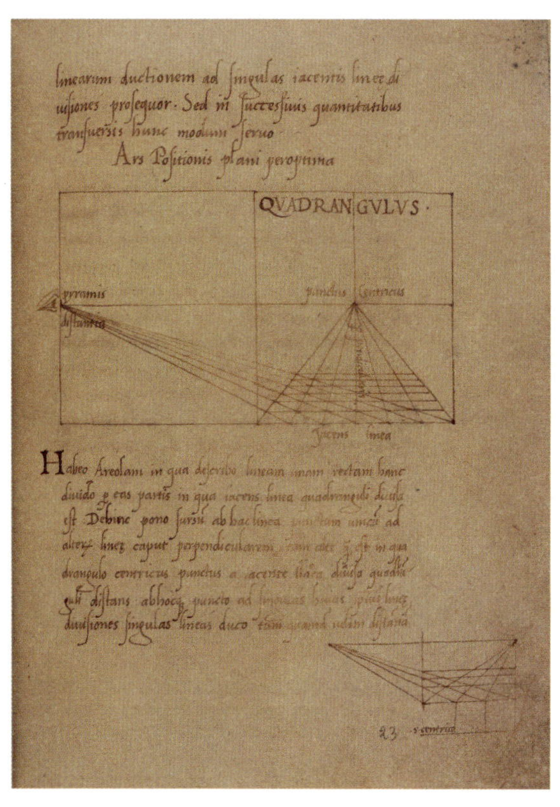

下图：15世纪人文主义艺术家、建筑师莱昂·巴蒂斯塔·阿尔伯蒂的手稿，展示了透视法和短缩法的运算原理。

上图：布鲁内莱斯基建造的佛罗伦萨圣母百花大教堂的穹顶是设计史上的奇迹。圣母百花大教堂至今仍是当地最高的建筑物。

1401年，布鲁内莱斯基参加为佛罗伦萨圣若望洗礼堂设计七块镀金铜门的比赛，最后输给了洛伦佐·吉贝尔蒂。此后他将创作重心转向建筑，于1418年击败吉贝尔蒂，被委任建造佛罗伦萨圣母百花大教堂的穹顶。如何建造这个穹顶，是多年来困扰建筑师的一个几乎无解的难题。布鲁内莱斯基直面这一挑战，1420—1436年，经过不懈努力，终于成功架起了世界上最大的砖石穹顶。他的成就还有设计和建造佛罗伦萨以及其他城市的防御工事，发明用于穹顶建筑的起重机械等。

短缩法是一种透视技法，它根据观者的视角，在绘画中改变物体的大小比例，从而在平面的画布上创造出三维效果的物体。观察的距离和角度的差别，会导致物体的真实比例发生扭曲。例如，当观者正面对着躺卧的人，观察到的脚部会显得比头部更大。短缩法由古希腊人发明，由文艺复兴艺术家重新发现并加以改进。安德烈亚·曼特尼亚（1431—1506）是意大利曼托瓦的一名宫廷画家，在创作《死去的基督》（约1480）时，他就使用了短缩法，将视点放低，加强视觉的冲击力。曼特尼亚还精通仰角透视法，用以处理墙壁上人像的短缩透视。他在曼托瓦创作壁画《婚礼堂》时运用了这种透视技法，使得平坦的天花板似乎成了室内空间的延续，向着天空伸展，画中的人物仿佛从阳台上俯视室内。安托尼奥·阿莱格里（1494—1534）又名柯雷乔，是帕尔马学派最著名的画家，他极为推崇曼特尼亚在天花板上使用的短缩法。帕尔玛大教堂圆顶上的壁画《圣母升天》是柯雷乔的杰作，画作使人产生天国大门洞开的幻觉，画中人物似乎腾空而起，簇拥着圣母升天而去。

马萨乔

马萨乔出生于佛罗伦萨附近，原名为托马索·迪乔瓦尼·迪西莫内·圭迪，被誉为15世纪文艺复兴时期最优秀、最具革命性的画家。马萨乔是他的绰号，意为“笨拙的”。他醉心绘画，平日作风懒散，不大注重仪表，故而得名。

马萨乔的艺术创作受到同时代人的影响。他从布鲁内莱斯基处借鉴了透视法和比例的原理；从朋友多纳泰罗处学习他精湛的古典雕塑技术，将其雄浑的人物风格，对人物形态和感情的注重，都融入自身的绘画创作中。佛罗伦萨卡尔米内圣母教堂的布兰卡奇礼拜堂里有一组壁画，开始由马索利诺·达·帕尼卡莱进行创作，但马索利诺中途放弃，马萨乔接手了这项工作，并于1427年左右完成。1424年，即马萨乔从事这项工作期间，他率先在创作中使用透视法及其中的灭点概念以及单一光源，创造出前所未有的富于真实感的三维图像。布兰卡奇礼拜堂的这组壁画影响深远，因

上图：马萨乔在布兰卡奇礼拜堂中未完成的一些壁画，后由菲利皮诺·利比完成。

此这座礼拜堂有“文艺复兴早期的西斯廷教堂”①之称。

1427年，马萨乔在佛罗伦萨的圣玛丽亚诺韦拉教堂创作了《圣三位一体像》，这是他的又一代表作。这幅画是文艺复兴时期第一幅使用单点透视的作品，将观者的视点引向基督。同年，他开始创作卡尔米内圣母教堂里的《提阿非罗之子的复活》。这幅作品最终未能完成。27岁时，马萨乔在罗马去世，死因颇为神秘，可能是鼠疫，也有人认为他因遭人嫉妒，被其他艺术家毒死。马萨乔的绘画生涯只有短短六年，却极大地影响了达·芬奇、米开朗琪罗和拉斐尔等艺术家。

① 西斯廷教堂是罗马教皇的一个私用经堂，其教堂内的天顶画《创世纪》和《最后的审判》，是米开朗琪罗的绘画艺术丰碑。——译者注

色彩大师

文艺复兴时期，艺术家从使用蛋彩颜料在墙壁和木板上作画，转变为使用油画颜料在画布上创作。油彩具有一种光泽度，拓宽了艺术家创作的题材，为他们的作品增添了更多的现实感。在提香、丁托列托和保罗·维罗内塞等色彩大师的带领下，16世纪的威尼斯成为油画创作的艺术中心。

> 文艺复兴时期的艺术家使用了许多来自大自然的色彩，昆虫、植物和矿物质都成为艺术家的颜料来源。

文艺复兴时期的艺术家使用了许多源自大自然的色彩，昆虫（胭脂虫，提取胭脂红颜料）、植物（蓝草，提取靛蓝色颜料）和矿物（蓝铜矿，提取天青蓝色颜料）都成为艺术家的颜料来源。有些颜色生产成本极高。例如，制作群青色颜料需要使用一种半宝石矿石——天青石，这种宝石只在现在的阿富汗地区开采，磨碎后再研成细粉。由于造价昂贵，群青色只用于特殊的场合，例如绘制基督或圣母玛利亚的服饰。画家们还使用不同的颜色，以营造出透视感，如用深色描画深海，用浅色描绘远处的天空。

提香

齐安诺·韦切利奥（1480—1576）今天多称为提香，他是一位才华横溢、极富影响力的威尼斯艺术家，对油彩的使用是绘画史上的一场革新。提香出生于威尼斯北部的一个村庄，曾拜在著名画家乔凡尼·贝利尼门下学习绘画。乔凡尼早期使用蛋彩颜料创作，后改用油彩。提香终生热爱丰富鲜艳的色彩以及强烈的明暗效果。当时大多数艺术家都尽量避免使用昂贵的群青，而是用价格较低的蓝色颜料，如从蓝铜矿中提取的带有绿色调的天青色。当时群青颜料之昂贵，比黄金尤甚，即便是米开朗琪罗也负担不起。提香不仅坚持在创作中使用纯群青色，而且当商船从东方带着这种颜料返回威尼斯时，他总抢先一步前去进行挑选。提香对群青色的使用达到了惊人的地步。在《酒神巴克斯和阿里阿德涅》（1520）中，湛蓝的天空蔚为壮观，几乎覆盖了画布的一半。有时，提香会先用其他蓝色颜料打底，这样可以节约群青颜料。

上图：晚年的提香画风更趋豪放自由，这种风格现在称为印象主义，有一定程度的抽象性。

提香以随意轻松的笔触而闻名。1518年，他完成代表作《圣母升天》，这幅画高悬于威尼斯弗拉里教堂的祭坛上，自此提香成为公认的执威尼斯画坛牛耳之人。他的名声传遍欧洲，许多君主盛情邀请提香，为他们创作肖像画，其中就包括神圣罗马帝国皇帝查理五世。1533年，提香成为查理五世的宫廷画家，为他创作了一幅骑马像，为后世的此类画像树立了典范。提香的主顾还有教皇保罗三世、葡萄牙王后伊莎贝拉和西班牙国王腓力二世。在生命的最后20年，腓力二世成为他主要的赞助人，提香为这位国王创作了六幅以神话为题材的大型组画，统称为《诗歌》。这个组画取材于古罗马诗人奥维德的神话史诗《变形记》，其中的两幅作品以女神戴安娜为主人公。

丁托列托

雅各布・罗布斯蒂（1518—1594）的父亲

上图：丁托列托的《天堂》，约有500个人物，包括先知、使徒和圣人。绘制这幅壁画时，丁托列托已是70岁高龄。

是一位染布匠，因此他给自己取了一个绰号“丁托列托”（意为“小染匠”）。提香去世后，他与委罗内塞统领威尼斯的画坛。丁托列托年轻时曾拜提香为师，后提香出于嫉妒将这位弟子赶出师门。不过，丁托列托仍深受提香的影响。丁托列托尝试将提香对色彩的掌控与米开朗琪罗作品的活力相结合，以敏捷、大胆的笔触，充满戏剧张力的光线，创作出许多大型画作。他细致研究过短缩透视技法，曾将蜡像和泥人挂在玩偶屋里，以仰视的角度进行速写。评论家经常被他绚烂艳丽的色彩和粗犷大胆的笔法折服。有一位评论家称他是“世界最大胆的画家”，美国小说家亨利·詹姆斯则称“他的广度和深度无人能出其右”。

丁托列托最具突破性的作品是《奴隶的奇迹》，该作品完成于1548年，以丰富的笔触展示了健硕而充满生机的人物。次年，他为自己威尼斯教区的教堂——圣马尔齐亚莱教堂创作了一幅祭坛画。这幅名为《光环下

不光彩的竞争

丁托列托的个人声誉与其艺术成就并不相称。他个性冲动好胜，作画速度极快，因此人称“暴脾气”。他这种性格极易冒犯同行，他也经常用些不入流的手段来打压其他竞争对手，比如他有时将作品低价出售，甚至免费出让。他甚至不惜用作弊的手法在竞争中胜出。当年，圣洛可大会堂邀请艺术家前来进行比赛，以获得在天花板上作画的机会。丁托列托表面不动声色，背地里却不知做了些什么手脚。其他人都提交素描设计图，他却呼啦一声拉开遮盖天花板的覆盖物，露出自己已经完成的作品。现场一片怨声，他这时又将作品无偿捐赠，会堂这方也只得接受了这份礼物。最后，丁托列托抢下这个机会，完成了整个天花板的壁画。

的圣马夏尔与圣彼得及圣保罗》的作品融合了米开朗琪罗对人物姿势的处理和提香对服饰的描绘。（丁托列托500周年诞辰的庆祝活动于2018年和2019年在这座教堂举行。）他完成了威尼斯总督府的几次委托，并为威尼斯一个宗教兄弟会的信徒会堂——圣洛可大会堂创作了一系列令人印象深刻的绘画作品。①

70岁时，丁托列托在总督府的正殿上绘制了他平生最大的作品《天堂》，这幅画长22.6米、宽9.1米，画作人物众多，构思巧妙，色彩丰富，是有史以来最大的布面油画。

群星璀璨

15—16世纪是文艺复兴艺术巨匠崛起的时代。这些大师的名字如今仍然为人所熟知。达·芬奇、米开朗琪罗、拉斐尔和波提切利都是其中的佼佼者，还有意大利画家提香、马萨乔、贝利尼和卡拉瓦乔，以及其他欧洲艺术大师如西班牙的埃尔·格列柯、德国的荷尔拜因和丢勒等。

这个时期还涌现了许多“文艺复兴全才”，他们是在众多领域都有所成就的人。当时的思潮是鼓励个体的积极发展，这激励了众多全才的出现。莱昂·巴蒂斯塔·阿尔贝蒂发出疾呼：“有志者，皆能达成心中所愿！”阿尔贝蒂本身就是一个全才，具有画家、建筑师、诗人、数学家和科学家等多种身份。另外两位堪称全才的艺术家是达·芬奇和米开朗琪罗。达·芬奇既是雕塑家和作家，也是科学家、天文学家、发明家和音乐家；米开朗琪罗的众多身份包括雕塑家、建筑师、诗人和工程师等。“文艺复兴全才”不仅仅存在于艺术领域，英格兰的艾萨克·牛顿就在物理学、天文学、神学、数学等领域都成就非凡。

---

① 丁多列托是会堂的会员，负责会堂的绘画装饰，他用23年的时间，为会堂的一楼和二楼大厅创作了67幅作品。——译者注

上图：1512年，时年60岁的达·芬奇创作的自画像，他将其命名为《用红粉笔画的男人》。

达·芬奇

莱昂纳多·达·芬奇（1452—1519）出生在托斯卡纳的小镇芬奇，是一个私生子，从小由祖父抚养，后前往佛罗伦萨，在雕塑家安德烈·德尔·韦罗基奥门下学艺。韦罗基奥同时还负责当地画家接受委托等事宜。1472年，达·芬奇已成为佛罗伦萨的艺术家协会圣路加公会的成员。在接下来的十年中，他创作油画，绘制素描，其作品体现出他对解剖学、工程学、军事武器和几何学等领域的造诣。1482年，他以在军事工程、绘画及雕塑上的才能征服了米兰的统治者卢多维科·斯福尔扎公爵，随后迁居米兰。达·芬奇在此生活了17年，完成了6幅画作，包括一幅受宗教团体委托创作的祭坛画。1483—1486年，达·芬奇创作了《岩间圣母》，但由于该宗教团体支付的酬金过少，达·芬奇提起了一场长达十年的诉讼，最终将作品出售他人。1508年，该宗教团体说服达·芬奇再次以同样的主题创作，这幅画作目前收藏于英国国家美术馆中。

达·芬奇技艺最为高超、最著名的作品是《最后的晚餐》，这幅他于1495—1498年在米兰圣玛利亚感恩教堂的饭厅墙壁上绘制的壁画。在这幅高4.6米、宽8.8米的巨大作品中，达·芬奇笔下的基督及其门徒表情生动，神态各异，准确体现了他所谓的“肢体和心理活动”。教堂在第二次世界大战期间

曾遭轰炸，在防爆沙包的保护下，画作幸免于难。创作过程中，达·芬奇别出心裁地使用了蛋彩和油彩混合的颜料。如今，这幅壁画已历经数次修复。

上图：达·芬奇的名作《最后的晚餐》，这幅壁画体现了他的创作观念，人物的表情、姿势和手势可反映出人物的思想。

1517年，达·芬奇接受法国国王弗朗索瓦一世的邀请，离开居留过的罗马和米兰，前往法国，成为法国宫廷的“首位画家兼工程师”。他把自己的木板油画作品《蒙娜丽莎》也带到了法国。这幅油画于1503年在佛罗伦萨开始创作，相传画中的女子是佛罗伦萨一位商人的妻子。1519年，达·芬奇去世后，法国国王将画作放在枫丹白露宫的画廊内展示。19世纪初，画作又辗转至拿破仑在杜伊勒里宫的卧室里，在此悬挂了几年，最后才由巴黎卢浮宫博物馆收藏至今。（如今，每年有超过600万人前来参观《蒙娜丽莎》，去亲身体验那神秘的微笑。这幅画作是卢浮宫最受欢迎的展品，每位参观者在

上图：为了获得逼真的现实效果，在对《蒙娜丽莎》进行构图时，达·芬奇将模特四分之三的躯干放入画中，这种新做法很快被其他艺术家模仿。

《蒙娜丽莎》失窃案

1911年8月，挂在卢浮宫墙上的《蒙娜丽莎》失窃，直到1913年12月才被追回。盗贼是三名意大利人，领头的是打杂工人文森佐·佩鲁贾。案件登上报纸后，《蒙娜丽莎》在世界范围内广为流传，成为家喻户晓、价值连城的画作。盗贼在行动前夜藏身于壁橱，取下画作后，将其夹在毯子下带走。当时，共有60名侦探参与案件调查，连鼎鼎大名的画家巴勃罗·毕加索都被列为嫌疑人之一。佩鲁贾将画作藏在巴黎的公寓里，后试图将画作卖给佛罗伦萨的画商，暴露了行踪，案件得以侦破。佩鲁贾辩称只是想将《蒙娜丽莎》物归原主，送还意大利。最后他被逮捕，入狱八个月[1]。

右图：1914年1月4日，被盗的《蒙娜丽莎》失而复得，画作周围是调查此案的相关官员。

[1] 应为一年零十五天。——编者注

画前停留的时间平均只有15秒。）

达·芬奇一直有随身携带笔记本的习惯。笔记的内容反映出他对艺术、解剖学、生物学和工程学的广泛兴趣。值得一提的是他关于飞行器的设想，他曾绘制过直升机相关的草图。这些笔记本记满了各种绘图、速写和笔记。达·芬奇是个左撇子，因此他的文字都是从左至右书写的镜像文字。除笔记本外，达·芬奇还习惯携带未装订的纸，以记录他的观察所得。现在，这些纸张有很多保存在大英博物馆里。

下图：米开朗琪罗的大卫雕像，作品使用的大理石，因有瑕疵，曾被另外两名艺术家弃用。

米开朗琪罗

米开朗琪罗·博那罗蒂（1475—1564）出生在佛罗伦萨附近的卡普莱斯村。1488年，他前往佛罗伦萨学习绘画技艺，成为当地声望最高的画家多梅尼哥·基尔兰达约的学徒。之后搬到洛伦佐·德·美第奇的府邸中，受其资助进行雕塑训练。1496年，他来到罗马，次年完成了雕塑作品《哀悼基督》（Pietà，这个名字用于指称所有圣母玛利亚怀抱基督遗体的雕塑作品），从此一举成名。作品现存于圣彼得大教堂。米开朗琪罗听闻他的作品被算在另一位艺术家名下，就在圣母玛利亚胸前的衣带上刻了“由佛罗伦萨的米开朗琪罗·博那罗蒂所作”的签名。1501年，他回到佛罗伦萨，创作出不朽的大理石雕塑作品《大卫》。作品完成于1504年，放置在市政厅前面，作为这座城市的英雄象征。大卫站在4米多高的底座上，姿态轻松自如，即使在面对可怕的巨人哥利亚时，他看上去也充满自信，不可战胜。雕像现收藏于意大利佛罗伦萨学院美术馆内。

1505年，教皇尤利乌斯二世将他召回罗马，让他为自己的陵墓创作40

上图：《创造亚当》是西斯廷教堂最著名的一幅画作，米开朗琪罗画笔下的上帝接近人类的形象。

尊大型雕像。米开朗琪罗离开后，他在佛罗伦萨的许多工作都中止了。为尤利乌斯完成了一座雕塑《摩西》后，两人在费用问题上陷入争执，1508—1512年，米开朗琪罗转而为梵蒂冈的西斯廷教堂穹顶作画。这些杰作以艳丽的色彩、多变的姿态，描绘了《旧约》中的人物，其中以《创造亚当》尤为突出。在这幅壁画中，上帝伸手去触摸亚当——他创造的第一个人——的指尖。西斯廷教堂穹顶壁画中的人物个个都是理想化的形象，完美体现了米开朗琪罗所开创的壁画人物的风格。

这组壁画人物众多，场景气势恢宏，迅速为米开朗琪罗赢得了“意大利最伟大的艺术家”之美誉。

这组壁画人物众多，场景气势恢宏，迅速为米开朗琪罗赢得了“意大利最伟大的艺术家”之美誉。

在佛罗伦萨，米开朗琪罗将更多的时间花在建筑上，他大部分精力用于为强大的美第奇家族所在的圣洛伦佐教区建造教堂。1520—1534年，他设计了美第奇教堂，作为该家族的墓地。此外还有四尊大型大理石雕像，一对代表白天和黑夜，另一对代表黎明和黄昏。他还设计了附属于教堂的图书馆，同时为佛罗伦萨设计了新的防御工事，以抵御炮火。

1534年，他离开佛罗伦萨，此后在罗马度过余生，为教皇保罗三世继续创作西斯廷教堂的壁画。1537—1541年，米开朗琪罗在教堂祭坛的墙上创作了壁画《最后的审判》。这幅大型壁画展示了耶稣审判亡灵的情形，宣扬行善升天、作恶入地的因果报应，那些大悲大喜的人物表情，表现得尤为淋漓尽致。米开朗琪罗也花费了大量时间进行书信往来和诗歌创作，他大约留下300首诗歌，其中大部分是十四行诗和意大利牧歌，均以

左图：米开朗琪罗带领四名来自佛罗伦萨的助手，耗时四年完成了西斯廷教堂天花板上的壁画。

痛苦的绘画过程

人们通常误认为，米开朗琪罗以仰卧的姿势绘制西斯廷教堂穹顶的壁画，实际上，他是站在自己设计的脚手架上作画的。脚手架占据穹顶一半的面积，待半边的壁画完成后，脚手架就移至另一侧，进行另一半壁画的创作。米开朗琪罗的一幅草图展示了他站着抬起右手作画的情形。他的许多诗作也提到了这段经历。研究艺术史的美国学者索尔·莱文有一段相关的翻译，描述了这位画家痛苦的创作过程："我高昂着下颌，连腹部都感受到向上牵扯的力量……胡子朝天翘着，后脑勺紧贴着脖子……画笔正好在我脸上方，颜料不断往下滴，我脸上仿佛开了个颜色作坊。我的腰快拗断了……我身体正面紧绷，努力后仰，后背的肌肤挤压到一处，简直都能打个结，整个躯干弯曲得如同一张拉满的弓。"

对宗教的热忱和挚爱为主题。他曾担任圣彼得大教堂总建筑师，为教堂设计了穹顶。他在1564年去世后，这座教堂壮观的主体由他人建造完成。米开朗琪罗最后的一幅绘画作品是梵蒂冈圣彼得大教堂的壁画。

波提切利

桑德罗·波提切利（1445—1510）出生于佛罗伦萨，原名亚历桑德罗·马里亚诺·菲利佩皮，波提切利（意为"小酒桶"）是他的绰号。他从小就是一个机智好动的孩子，中途辍学，先去给一位金匠当了一段时间的学徒，后拜艺术家弗拉·菲利波·利比为师。1470年，他拥有了自己的工作室，两年后，加入佛罗伦萨的画家行业协会圣路加公会。美第奇家族成为他的赞助人后，波提切利职业生涯的大部分时间都用于完成该家族及其朋友的艺术委托。

1481年，教皇下诏，让他前往罗马，负责西斯廷教堂墙壁的装饰工作，这是他在佛罗伦萨以外接受的唯一一份工作。他创作了教堂壁画《摩西生平》和《基督的诱惑》，此外，他也为教皇创作肖像画。波提切利描绘的圣母像和神话人物姿态优雅动人，他以这种风格逐渐在画坛闯出了名气。次年，他回到佛罗伦萨。1478—1490年，他创作了一系列风格典雅、优美动人的代表作，包括《春》、《维纳斯的诞生》（现藏于佛罗伦萨乌飞齐美术馆）、《三博士朝圣》（1475）以及《维纳斯与战神》（1485）。

15世纪90年代，波提切利的艺术风格出现了转变，他开始在绘画中反映社会现实所造成的动荡，如鼠疫、美第奇家族对佛罗伦萨的控制和被逐

下图：《维纳斯的诞生》，维纳斯是代表爱与美的女神，波提切利从维纳斯的经典雕像中汲取了灵感。

出佛罗伦萨等。他是萨伏那罗拉的追随者，这位多明我会修士富于雄辩，他满腔热情的布道深深吸引了波提切利。至此，波提切利的艺术风格更趋简洁，传达出强烈的宗教色彩。1500年，波提切利完成《神秘的基督降生》，画作体现出艺术家对于前途未卜的焦虑。后来，艺术赞助人和买家对波提切利的作品失去了热情，他晚景凄凉，整日郁郁寡欢，孤苦伶仃且穷困潦倒。

拉斐尔

拉斐尔（1483—1520）出生于意大利中部的小山城乌尔比诺，全名为拉斐尔·桑西·乌尔比诺。他的父亲乔瓦尼·桑西是一位画家、诗人和宫廷侍从，也是拉斐尔的艺术启蒙老师。11岁时，拉斐尔的父亲就去世了，他继续在父亲的画坊里学习绘画。17岁搬到佩鲁贾市，在著名画家彼得罗·佩鲁吉诺的门下学习了四年，成长为一名绘画大师。他还研究了达·芬奇和米开朗琪罗的风格和技巧。1500—1508年，拉斐尔在佛罗伦萨及其辖区托斯卡纳地区创作，以肖像画以及刻画圣母和圣婴为主的一系列木板油画而闻名。

1508年，拉斐尔25岁，教皇尤利乌斯二世将他传唤至罗马，参与重新装修宫殿的起居区域。拉斐尔创作了一系列宏伟的叙事性古典壁画，这些壁画影响了后世的艺术家。其中一幅就是他的代表作《雅典学院》，这是梵蒂冈宫图书馆墙上的一幅壁画，展示了苏格拉底和亚里士多德等古希腊哲学家的形象。1511年，他创作了一幅教皇尤利乌斯的肖像油画，画中的尤利乌斯端坐椅上，神情若有所思。这幅肖像画形象逼真，栩栩如生，给后来的教皇肖像画产生了深远的影响。1513年，他创作了《西斯廷圣母》，作品底部的两个小天使尤为闻名。如今，两个小天使的形象被广泛复制，从邮票到T恤衫，无所不在。

这一时期，拉斐尔声名鹊起，以擅长肖像画与历史人物画作闻名。

上图：《基督显圣》（1517—1520）是拉斐尔最后一幅作品，画中基督身有光环，两边是先知摩西和以利亚。

1514年，他被任命为教皇的首席建筑师，奉命建造圣彼得大教堂，并参与设计了教堂的长方形会堂。三年后，他开始创作他尺寸最大的作品《基督显圣》。此后拉斐尔一直居住在罗马，直到1520年去世，终年37岁。他的生日和卒日恰巧都是4月6日。拉斐尔生前一直经营着一个大型绘画作坊，约有50名助手和学生。这位文艺复兴鼎盛期的大师，已经证明自己比米开朗琪罗（米开朗琪罗认为拉斐尔抄袭了他的作品）更为多才，比达·芬奇更为多产。

按他的遗愿，拉斐尔葬在罗马的万神殿，大理石墓碑上的碑文写道："他笔下那些栩栩如生的画中人，清楚地向人们展示了自然与艺术的和谐统一……在他有生之年，自然女神深恐为他所征服，他与世长辞时，自然女神又恐随之云亡。"

晕涂技法

晕涂技法（晕涂法）的英语原文"Sfumato"一词源自意大利语"sfumata"，意为"将（颜色）变得柔和"。晕涂法是一种减弱色彩过渡痕迹的绘画手法，模糊色彩明暗之间的过渡，在明暗交界处，几乎看不到明显的交界线。掌握这种技法的艺术家有拉斐尔、柯勒乔、皮耶罗·迪·科西莫和达·芬奇，他们也将这种技法称为"薄雾法"。佛罗伦萨艺术家安德烈·德尔·韦罗基奥发明了这种技法，又将其传给达·芬奇。在创作《蒙娜丽莎》时，达·芬奇每次用手指蘸取少量颜料，对作品进行多次涂抹，使得蒙娜丽莎的脸部非常柔和。拉斐尔使用晕涂法的作品有《草地上的圣母》（又名《贝尔维埃尔的麦当娜》），画中圣母玛利亚脸上那种柔和的光泽显然是晕涂法的功劳。这幅画在圣母服装的描绘上还使用了对比明暗色调的手法。

北方文艺复兴

意大利半岛以北地区的艺术家对文艺复兴进行了改造和传播。没有他们，文艺复兴的影响和生命力将会有所削减。15世纪，文艺复兴的人文主义思想提倡个人发展，复兴古典艺术，吸引了北方艺术家前来意大利学习和创作。这些艺术家返回故地后，将伦敦、巴黎、纽伦堡和安特卫普等城市变成人文主义艺术和教育中心。此外，活字印刷机器和宗教改革对文艺复兴的传播也有着强有力的推动作用。

随着文艺复兴思想在意大利阿尔卑斯山脉以北传播，一些国家涌现出一批杰出的艺术家。早期的艺术家有弗拉芒画派的画家扬·凡·艾克，他作品的特点是细节精致逼真，还有老彼得·勃鲁盖尔，他以刻画宏大壮阔的景致闻名。荷兰画家耶罗尼米斯·博斯以其超现实主义的宗教绘画而著称。文艺复兴时期的德国也产生不少著名的艺术家，如小汉斯·荷尔拜因，他是巴伐利亚人，曾远赴英国创作现实主义肖像画，还有阿尔布雷特·丢勒，他画中的人物姿态多具古典风格，放松而又从容。在法国，让·富盖是第一位前往意大利接受文艺复兴洗礼的艺术家。让·克卢埃和儿子弗朗索瓦多擅长创作小型肖像画，二人都是法兰西国王弗朗西斯一世的首席画家。

凡·艾克

扬·凡·艾克（1395—1441）出生于马斯特里赫特附近的马塞克市，家中富裕，属于特权阶层。1422年，他在荷兰海牙为巴伐利亚的统治者约翰三世创作了一幅作品，从此一举成名。随后，他往返于布鲁日和里尔两地，成为勃艮第公爵菲利普三世（绰号“好人菲利普”）的宫廷画家。1428年，他前往葡萄牙，为公爵未来的妻子伊莎贝拉绘制肖像画，同时也担负其他外交任务。为凡·艾克赢得广泛赞誉的是他的宗教题材作品，其中的象征主义通过隐秘的手法表现出来。另外，他创作的肖像画也非常著名。人们认为凡·艾克绘于1433年的作品《包着红头巾的男子》是他的自画像。

凡·艾克对光在平面产生何种效果非常有兴趣。他在创作时使用了放大镜，还利用油画颜料进行写实的精细描绘。他创造了用少量油画颜料多次涂抹的技法，使画作具备高度的真实感，这种技法让他在整个欧洲声誉渐隆。1432年，他在根特大教堂祭坛创作了代表作《神秘羔羊之爱》（也称《根特祭坛画》）。据传，画作在15世纪20年代由凡·艾克的哥哥胡伯特开始绘制，胡伯特过世后，凡·艾克接手并完成，但这一说法颇让人生疑。这幅作品色彩丰富，金碧辉煌。画中有凡人也有神，

下图：凡·艾克的《神秘羔羊之爱》，在拿破仑战争和第二次世界大战期间，数次遭窃。

分布在12块画板上，表现出各种独特的场景。比如在一个房间中，天使在拜访玛利亚，房间内各种细节描绘得细致入微，基督端坐在椅中，而非一般钉在十字架上受苦的形象。

凡·艾克最著名的作品是《阿尔诺芬尼夫妇像》，表现了商人乔凡尼·阿尔诺芬尼与妻子的婚姻。自1842年以来，这幅作品一直收藏于英国国家美术馆中。画中镜子里有两个人影，其中之一可能就是凡·艾克。他在画作上的签名也很有趣，其中一个签名写着："1434年，扬·凡·艾克在此。"有几幅作品的签名是颇能显示他贵族风范的座右铭："尽我所能。"

丢勒

阿尔布雷特·丢勒（1471—1528）出生于纽伦堡，家中共有18个孩子，父亲是一位金匠。丢勒先随父亲学艺，后师从迈克尔·沃格穆特，他是当地一位为出版物制作木刻插画的画家。丢勒的木刻技艺高超，其作品细节细致入微，线条精准，将木刻版画转变成一种新的艺术形式。他的成名作品是一系列宗教题材的雕刻画，如木刻组画《启示录》（1498）、版画《亚当与夏娃》（1504）等，在作品中，两人的体形、姿态可谓完美无瑕。他的绘画作品主要是肖像画、祭坛画和宗教题材画。

1512年，他成为神圣罗马帝国皇帝马克西米利安一世的宫廷画家，受这位皇帝的委托创作一幅大型木刻版画，以期在创作完成后提高皇帝的个人形象。丢勒的作品《凯旋门》表现了马克西米利安一世的赫赫战功，这是有史以来最大的木刻版画之一，面积约10平方米。1513—1514年，丢勒完成了被称为"版画杰作"三幅作品，分别是《书斋里的吉罗姆》《忧郁》和《骑士、死神与魔鬼》，每幅画都将人物置于一个富于象征性的环境中。《忧郁》画中人物生有双翼，胸中仿佛郁结万千愁绪；《骑士、死神与魔鬼》画中的骑士正骑马穿林而过。1515年，根据一位德国商人的素

上图：《犀牛》是丢勒最受欢迎的木刻作品之一。终其一生，该作品估计售出4000—5000张。

描，丢勒创作出不朽的版画名作《犀牛》。

丢勒对文艺复兴及人文主义思想十分向往，曾两次（1494—1495、1505—1507）前往意大利，也曾到过荷兰（1520—1521）。首次访问威尼斯期间，他醉心于安德烈亚·曼特尼亚和乔凡尼·贝利尼的作品，痴迷于绘画构图和谐与比例的观点。这段经历让他成为北欧第一位分析透视法的艺术家，并在1525年出版了一本运用几何理论进行设计的专著——《量度艺术教程》。他还撰写了四本关于人体比例的专著，第一本于1528年出版。

丢勒对自己的成功深感自豪，为此创作了不少自画像，有素描的，有绘画的，也有印刷的，展现了一位自信的艺术家形象。在弥留之际，丢勒剪下一缕头发，送给斯特拉斯堡一位他教过的学生。这缕头发今天藏于维也纳艺术学院。丢勒的墓志铭是："阿尔布雷特·丢勒长眠于此。"

右图：这是丢勒的三幅自画像之一，上有题词："此为自画像。时年26岁。阿尔布雷特·丢勒。"

日耳曼的耳目

丢勒的故乡纽伦堡拥有优越的人文地理条件，因此成为北方文艺复兴运动最理想的核心地区。纽伦堡地处欧洲中心，拥有大量的印刷机器，可以迅速传播意大利文艺复兴的知识和思想。

马丁·路德对纽伦堡的评价很高，称其为"日耳曼的耳目"。这里也是贸易和制造业枢纽，后来逐渐发展成财富和文化中心。城中的富贵大家族纷纷对艺术进行赞助，与城里众多的艺术家、雕塑家、版画家和金匠签订艺术委托合同，使他们可以从事艺术创作。城中富有影响力的人物也大力传播人文主义思想，如维利巴尔德·皮尔克海默（1470—1530），他既是律师和作家，也是一位人文主义者，家境富裕，他的居所后来成为学术讨论中心。他是丢勒最亲密的朋友，不仅将其介绍给其他著名的人文主义者，还借钱给丢勒，使他能够在1505年前往威尼斯。丢勒的许多作品中都有皮尔克海默的形象，如《启示录》。另外，丢勒还为他创作了几幅肖像画。

彼得·勃鲁盖尔

彼得·勃鲁盖尔（老勃鲁盖尔，1525—1569）大概出生于布雷达市或其周边地区，年轻时定居安特卫普，在此地加入画家的行业协会圣路加公会，1551年左右成为一名绘画大师。从意大利返回后，他与安特卫普的四季风出版社建立了密切的合作关系。1555—1563年，他效仿耶罗尼米斯·博斯的手法设计了40多幅版画。他的绘画作品新颖独到，富于想象力。比如著名的《尼德兰箴言》（1559），作品的背景是佛兰德斯地区的一个村庄，在画中人物动作姿态中隐藏了100多个谚语；另外一部作品《死神的胜利》，表现了无助的百姓惨遭一支骷髅军队屠杀的景象。

勃鲁盖尔的画作具有独特的风格。他将故事放在一个宏大的背景中进行叙述，画中的人物三五成群。他完成于1560年的作品《儿童游戏》就体现了这一风格，画中儿童三三两两地在熙熙攘攘的街道上嬉戏。不同于文艺复兴的艺术家前辈，勃鲁盖尔将目光投向普通大众，关注他们的日常生活，这种人文主义的创作风格影响了后世艺术家。他创作了许多关于佛兰德斯地区工人和百姓的画作，因而得名“农民勃鲁盖尔”。他或用绚丽的色彩，或用夸张的手法，精心描绘了衣着褴褛的农民的各种生活场景，如《肮脏的新娘，或莫勃苏与妮莎①的婚礼》（1570）中庆祝的场面，以及《霍博肯的集市》（1559）中乡村集市上嬉闹玩耍的农民。他还创作了一系列表现四季风景的作品，展示了农民的劳作场景。如《雪中猎人》（1565）展现的冬季场景，在雪中跋涉的猎人，从山头俯瞰山下一座座温馨的村舍，还有快乐的溜冰者。

勃鲁盖尔培养了几位艺术家，但没有一位的艺术成就能望其项背。与他同名的儿子——彼得·勃鲁盖尔（小勃鲁盖尔，约1564—1637），模仿父亲的风格创作，而扬·勃鲁盖尔（大勃鲁盖尔，1568—1625）则复制父

① 莫勃苏与妮莎均为古罗马诗人维吉尔作品《牧歌》（第八首）中的人物。——译者注

上图：在《儿童游戏》中，勃鲁盖尔描绘了250多名儿童和84种游戏，有些游戏流传至今。

亲遗失的作品。他还有几位后代也从事艺术行业，但都默默无闻，其中有扬·勃鲁盖尔的同名儿子小扬·勃鲁盖尔（1601—1678）。

埃尔·格列柯

埃尔·格列柯（意为“那个希腊人”，1541—1614）原名多米尼克斯·希奥托科普罗斯，出生于克里特岛，后移居威尼斯，在意大利学习艺术，最后于1577年在西班牙的托莱多定居，直至去世。埃尔·格列柯促进了西班牙文艺复兴的产生。在威尼斯期间，他受教于提香，深受丁托列托的熏陶，逐渐形成了自身矫饰主义风格的画风。他的作品色彩丰富，体现了完美的形式和技巧。他擅长表现扭曲的人体和姿态，画中人物多呈现出健壮、理想化的体型。16世纪70年代末，他前往罗马学习米开朗琪罗和拉斐尔的艺术。可能身在罗马时，或是离开威尼斯之前，埃尔·格列柯创作了他的代表作《基督治愈盲人》，描绘耶稣给失明的人涂抹眼药，恢复

下图：埃尔·格列柯的《基督治愈盲人》，画作的左上部分尚未完成。他还有另外两幅类似题材的作品。

其视力的场景。

在西班牙，埃尔·格列柯因创作的肖像画细腻逼真而备受推崇，接到许多宗教绘画的委托订单。《圣莫里斯的殉难》（1580—1582）是国王腓力二世订制的作品，不过也许用色过于大胆，腓力二世对成品并不满意，终止了与格列柯的合作。1586—1588年，埃尔·格列柯创作了另一幅代表作——《奥加斯伯爵的葬礼》，画中展示的是圣奥古斯丁和圣斯蒂芬将伯爵放入坟墓的情形。这幅作品显示了艺术家流畅的笔触，色彩运用出人意料，人物体型瘦长，塑造出肃穆的宗教色彩。画中有一个小男孩儿，是埃尔·格列柯的儿子，他的口袋露出白巾的一角，上有格列柯的签名和他的出生年份（1578）。

> **在西班牙，埃尔·格列柯的肖像画细腻逼真，备受赞誉，教会多次委托他进行创作。**

托莱多是西班牙反宗教改革运动的主要阵地。埃尔·格列柯融合了戏剧性的画风与拜占庭艺术风格，与托莱多当时的宗教氛围完美契合。从1590年开始，他为当地的教堂和修道院创作了许多作品，其中25幅都与圣方济各（他是托莱多的守护圣人）相关，比如大约在1600年创作的《圣方济各与修士利奥思考死亡》。1614年，埃尔·格列柯去世，他艺术风格受欢迎的程度和对艺术家的影响力都有所下降，他绘画的题材太具突破性，表现手法又复杂独特，令其他艺术家难以仿效。他曾经写道："我作画，是因为那些神灵在我的脑海中，不断对我疯狂地低语。"不过，到了19世纪，评论家和收藏家重新发现了埃尔·格列柯，使他的艺术作品重放异彩，后来的凡·高、塞尚和毕加索等艺术家都受到了他的影响。

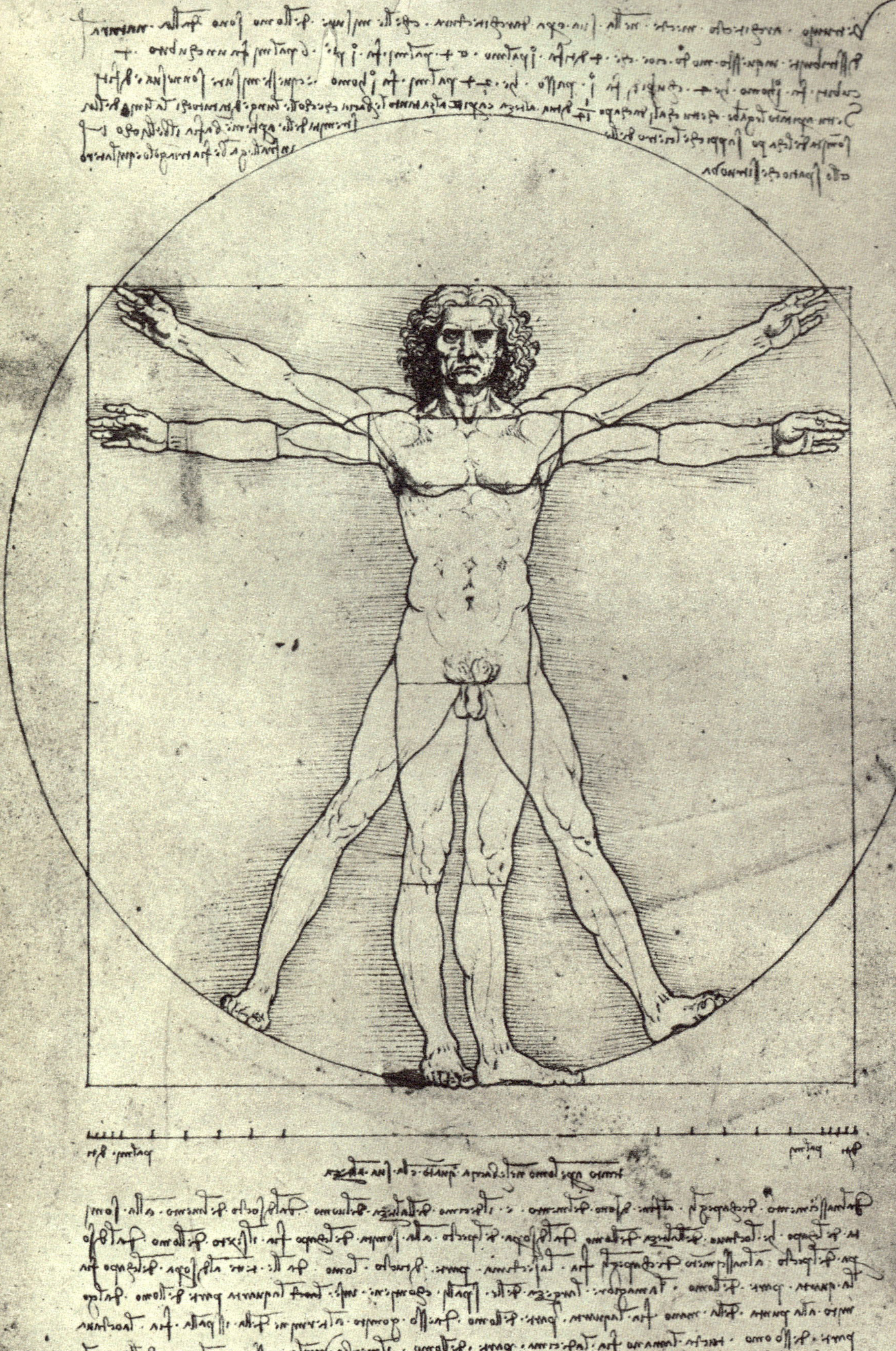

第 3 章

科学与医学

文艺复兴时期的艺术家和建筑师从古典时代汲取灵感，当时的科学家和医生也研究自身领域内的古代文献，但他们却对新兴技术更感兴趣。于他们而言，文艺复兴的价值在于提倡探索人的发展，倡导为获得个人的幸福而进行科学实践。

文艺复兴期间，约翰内斯·古腾堡发明了活字印刷机器，推动了各个领域内知识的迅速传播。如果没有印刷图书的流通，其他发明无疑将落入默默无闻的境地。印刷术的发展使一些科技和医学的经典文献得以重新发现、翻译和讨论，获得广泛传播。尽管活字印刷机器是一项德国发明，但直至1500年，印刷图书的数量却以意大利为最。早期的希腊和罗马研究著作经修订和增补后，得以重印，其内容涵盖解剖学、地理学、动物学、植物学、天文学和数学等。以往的一些医学理论在16世纪初期被弃用，新观念开始取代旧有的医学实践。比如“体液学说”（或“四体液说”），这种理论认为

前页图：达·芬奇将罗马建筑家维特鲁威提出的比例概念运用到人体绘画上，创作出素描作品《维特鲁威人》，比例非常精准。

上图：古腾堡发明印刷机器，得益于他在金属加工方面的经历，图中古腾堡正在向工人展示他的第一份印刷成果。

人体含有四种体液，一旦体液失衡，人就会生病。还有一种“瘴气理论”，认为疾病是由来自泥土或空气中的蒸气引起的。

不过，图书大量复制印刷，进入流通领域后，也助长了很多错误信息的传播。占星术这一年代久远的伪科学在当时就流传开来，生活中的重要事项，比如婚礼，就需要通过占星来安排。医生在开药方或进行放血治疗之前，也要观测星象。一些古老的宗教信仰与文艺复兴时期的科学观念交织在一起。数学理论在当时就曾用于解释上帝及其创造的世界如何统一起来。

文艺复兴学者思想活跃，勇于创新。当时的许多发明在现代生活中依然随处可见，包括望远镜、复合显微镜、潜艇、航海指南针、机械钟表、便携式钟表、眼镜、墙纸、抽水马桶、螺丝刀、使用火药炮弹的加农炮以及复式记账法等。一些新的习惯习俗开始流行，如阿拉伯数字的使用。达·芬奇留下了许多发明创造的设计草图，这些草图在文艺复兴时期还只是一种设想，如今都成为现实，其中有直升机、降落伞、装甲车、旋转桥梁和机关枪等。

天文学

文艺复兴时期的天文学家有一些重大的发现，推动了天文学科的发展，其中一些人并非来自意大利本土。尼古拉·哥白尼是来自波兰的天文学家，他提出的日心说——地球和其他行星围绕太阳公转，而非太阳和其他行星围绕地球公转——在当时的社会上造成了轰动。这一学说是对《圣经》以及当时通行的天文学说的挑战。他还作出推断，地球绕其轴心自转，由此产生昼夜变化，以及地轴的进动引起分点岁差（春分点和秋分点沿地球公转轨道平面的运动）。大约在1508—1514年，哥白尼撰写论文《短论》，阐述了这些理论。他后来在其专著《天体运行

下图：哥白尼在天文学领域声名显赫，连教皇都向他咨询如何改进天主教会的历法。

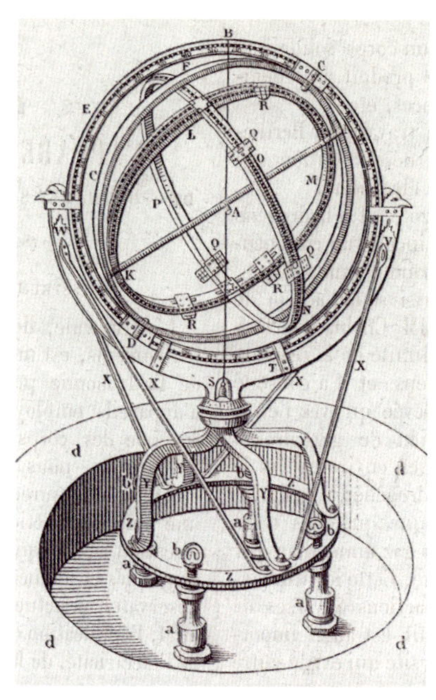

上图：星盘是第谷使用的最古老的天文仪器之一。它自公元前2世纪以来就存在，用于测量太阳的位置。

论》中对这些理论加以扩展。这部著作共有6卷，于1543年出版。同年，哥白尼与世长辞。

当时，哥白尼的日心说（太阳是宇宙的中心）遭到大众的嘲讽和质疑，但有两位天文学家对日心说大为赞许，并对其进行了完善。这两人分别是丹麦人第谷·布拉赫（1546—1601）和德国人约翰尼斯·开普勒（1571—1630）。

在望远镜发明之前，第谷就对恒星进行过仔细的观测。他最为著名的成果是发现了仙后座里一颗新的恒星以及彗星，这证明了宇宙并非恒久不变，完美无缺。第谷在丹麦岛屿汶岛（今属于瑞典）上建立了一个天文台，在此与助手、学徒以及家人对上千颗恒星进行了细致的观测。在这些观测的基础上，第谷仅利用一个指南针和六分仪，就制作出了当时最准确的星图。第谷对哥白尼日心说的数学推算深感钦佩，但他坚持认为，地球静止不动，太阳和月亮围绕地球转动。他还认为，当时已确认的五颗行星围绕太阳运行，而太阳与这五颗行星共同围绕地球运转。1588年，第谷发表论文《论天界之新现象》，对这个理论进行了阐述。

开普勒是第谷的助手，他通过观察，发现火星沿椭圆形轨道运行。火星以何种轨道运行本是第谷留给开普勒的问题，但第谷并没有给开普勒提供他自己记录的大量观察数据，因为他担心开普勒会用这些信息去证明哥白尼的日心说。不过，第谷死后，这些记录还是传到了开普勒手上。以这些观测数据为基础，开普勒创立了行星运动三大定律，证明了哥白尼的日心说。第一定律是：所有行星都沿着一个椭圆的轨道围绕太阳运转；第二定律是：离太阳越近的行星运行越快，离太阳越远运行越慢；第三定律是：行星和太阳的距离，与它围绕太阳的运转周期存在精准的数学关系。

下图：矗立在佛罗伦萨乌飞齐美术馆外的伽利略塑像，由佛罗伦萨雕塑家阿里斯托德莫·科斯托利于1851年创作。

望远镜

伽利略·伽利雷（1564—1642）是意大利天文学家和数学家，他具有特殊的影响力，支持哥白尼的日心说。他使用当时新发明的望远镜，验证了地球绕太阳公转这一现象，但他认为行星绕圆形轨道运行。

1608年，荷兰制作出第一台望远镜。这个消息传到伽利略的耳中，他在1609年动手制作了一台望远镜，并在原有基础上进行了改进，将放大倍数由原来的3倍提高到30倍。①通过自己制作的望远镜，伽利略观察到月亮并非一个尽善尽美的球体，其表面凹凸不平；木星有多个卫星；太阳有“瑕疵”（黑子），太阳黑子的

① 这是人类历史上第一台天文望远镜。——译者注

运动说明太阳也在自转。这些发现使伽利略相信存在一个以太阳为中心的太阳系。他将这些观察结果写进论文《星际信使》中。论文于1610年发表，迅速传遍整个欧洲。

1614年，因为这篇论文，伽利略被指控为宗教异端。两年后，天主教会禁止他宣传或教授日心说理论。伽利略不为所动，出版了著作《关于两种主要世界体系的对话》，分析哥白尼学说的长处与缺陷。1632年，他再次受到指控，被勒令前往罗马宗教裁判所接受审查，被判终身监禁。他被迫公开放弃“异端学说”后，判罚得到减轻，自此终身被软

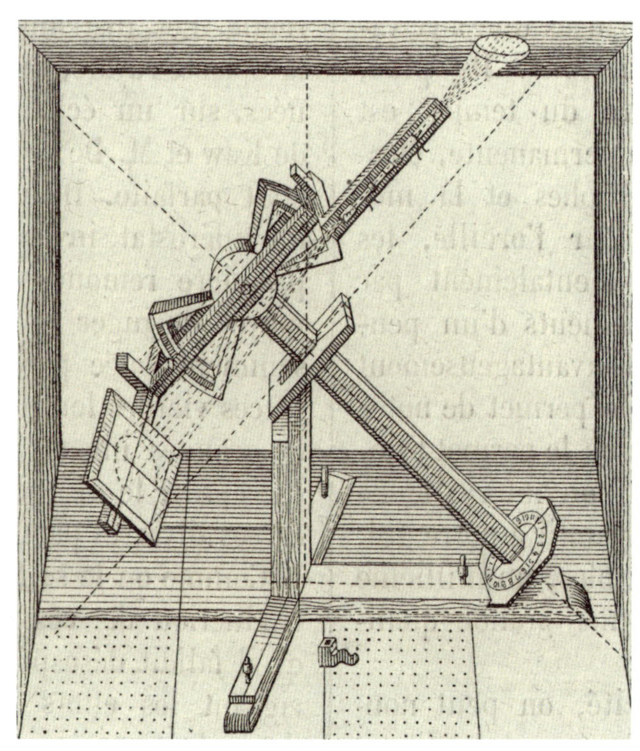

右图：伽利略望远镜的物镜是凸透镜，目镜是凹透镜。银河系是伽利略观测的焦点之一。

上图：意大利艺术家克里斯蒂亚诺·班蒂的作品，绘于1857年，表现了1633年伽利略在罗马受宗教审判的情景。

禁在他位于佛罗伦萨附近的房子里。1638年，他逝世前四年，其著作再版。

1992年，教皇约翰·保罗二世宣布为伽利略平反，这时距离他遭天主教宗教裁判所冤判已有350多年的时间。

达·芬奇设计的战争利器

达·芬奇本人极厌恶战争，称其为“兽性的疯狂”，但在他生活的时代，城邦之间常爆发战争。他的赞助人坚持让他设计新型的强大武器，用于战争中的防御和进攻。

达·芬奇最令人惊叹的设计是巨型弩车，可以起到震慑敌人的作用。巨弩由环环相扣的薄木制成，

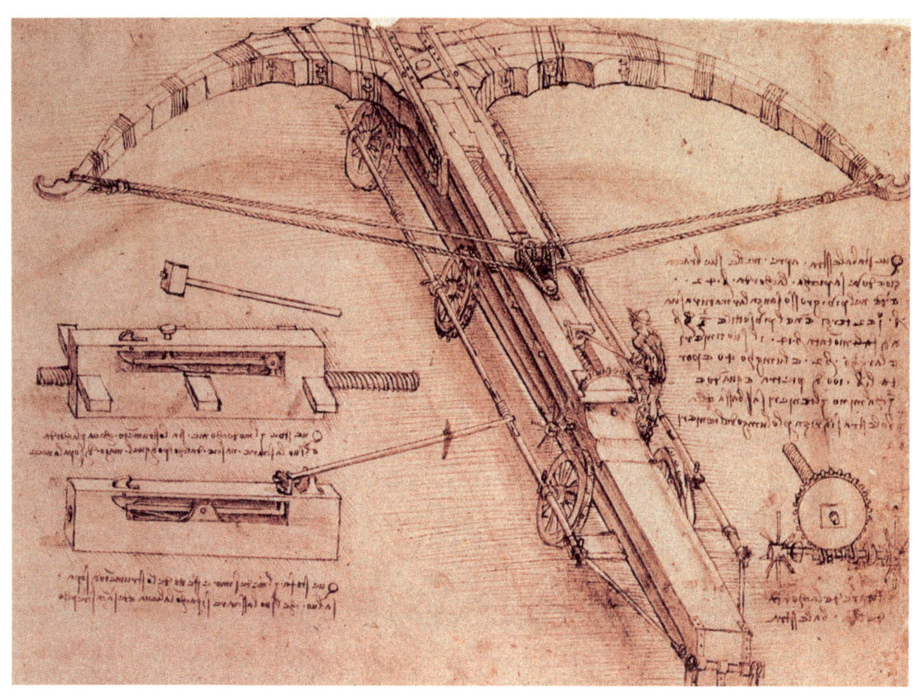

上图：达·芬奇发明的巨弩，可以威吓敌人，这幅设计草图逼真生动，更让人心生恐惧。

装载的弩车共有六个车轮。巨弩用达·芬奇自己发明的齿轮传动装置拉开，利用木槌敲击撞针，或拉动绳索，即可发射。任何可能造成伤害的物体均可用于投射，如石块或达·芬奇发明的集束炮弹。

当时用以攻城的投石机既迟钝又笨重，达·芬奇对其进行了改进。改良后的投石机将投射弹装在长摇臂的末端，提高了发射速度。他还设计了一种带有两个尾翼的炮弹，尾翼装有火药，一触即爆炸。投石机发射的物体还包括铅弹、燃烧的物体，甚至带有病菌的尸体。投石机由一根缠绕在滚筒上的绳子绑紧固定，用木槌打击撞针，带动滚筒，即可发射。

投石机还可以发射铅弹和燃烧的物体，甚至是带有病菌的尸体。

达·芬奇的另一项发明装甲坦克，用于近距离战斗。它可以直接冲入敌阵，引起敌人的恐慌。坦克由八名士兵使用手柄控制，可向不同方向前进。坦克内装有带轮的炮台，可以360°旋转，炮台上放置轻型加农炮。坦克配有金属外罩，外罩有一定的倾斜角度，可削弱敌人的火力，外罩顶部是瞭望台。但这个坦克有个致命的缺陷——手柄方向装反了，坦克无法向前进。有些人认为这是达·芬奇有意为之。作为一位颇有成就的工程师，他主张和平，祈盼他设计的坦克永无用武之地。

下图：达·芬奇绘制的机关炮（机关枪的原型）技术草图，他非常注重细节，由于描绘细致，图纸已提供详尽的信息，无须再添加文字说明。

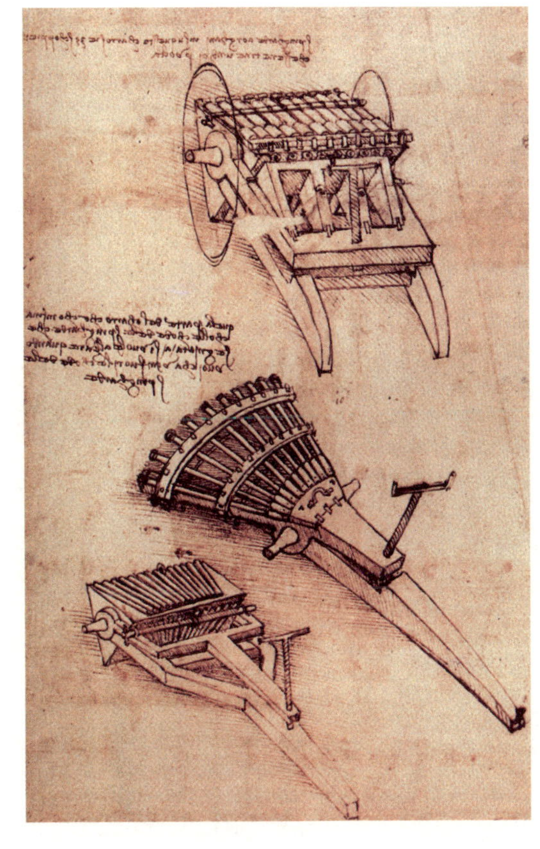

达·芬奇将他设计的机关炮称为“管风琴炮”，因为机关炮装有33根炮管，状如管风琴的音栓。这33根炮管分三行排列，每行11个，固定在带轮的炮架上，可以转动。机关炮第一行安装的是小口径的炮管，发射之后，转动炮架，将下一行的11支炮管送至发射位置。操作中，士兵在发射当前这一行炮管的同时，给下一排炮管装弹，而已发射完的炮管则趁机冷却。这种连续的操作克服了传统加农炮装弹和

怜惜动物的达·芬奇

设计这些武器并非达·芬奇的本意，只是应赞助人的要求，但他绘制的众多武器设计图令他背负了好战的名声。实际上，这位艺术家是一位和平主义者，而且主动捍卫动物权利。他路过集市，看到有小鸟被关在笼中出售，就会花钱买下，将鸟儿放生。他常说人类不是“动物的主宰者”，这一观点与《圣经·创世纪》中的记载相矛盾。达·芬奇强烈反对饲养牲畜供屠宰，他很早就拒绝肉食。他曾写道：“我相信终有一天，对动物的屠杀，就如同对人类的杀戮一样遭人唾弃。”他也批判奴役动物的做法，感叹受人驱赶干活的驴“得到的回报是忍饥挨饿，棍棒毒打，辱骂不停”。对于自己这些维护动物的言论，达·芬奇可谓身体力行。因为担心吓到动物，他设计的装甲坦克由人力而不是马匹驱动。

发射缓慢的缺陷。机关炮采用后膛装弹，用水冷却，这些在当时都是超前的设计。

达·芬奇对集束炸弹的设计与现代武器的概念相仿。按照他的设想，这种炸弹爆炸后形成许多具备杀伤力的碎片，会引爆其他炸弹。因此需要将所有炸弹集中装置，有外壳包裹。他详细记述了爆炸的过程：“当炸弹下落时，中心的炮弹爆炸，点燃其他炸弹。中心弹爆炸产生的碎片可以火速点着其余炮弹，速度之快，估计只让人来得及喊上一嗓子：‘圣母玛利亚！’”

有双层船体的战船和水下潜水装备是达·芬奇为海战发明的武器。由于增加了一层船体，当外船体受撞击或发生海难而被洞穿时，内船体仍可以发挥作用，使整艘船保持漂浮状态。

达·芬奇还发明了潜水服，使得从水下攻击敌船成为一种可能。潜水服的呼吸装置由芦苇管组成，芦苇管通过皮革连接，还有钢环可以帮助芦苇管承受水下压力。芦苇管一端连着面罩，另一端与浮标连接，使芦苇管的开口浮出水面。装备中有一个皮袋，供潜水员小解；一个皮革酒囊，储存空气后，放置在外套的口袋里。潜水员还随身携带沙袋，相当于船的压舱物，帮助潜水员下潜。另外还有刀和绳子，以及一个喇叭，用来提示他人潜水工作已完成。

达·芬奇的飞行梦想

达·芬奇设计了飞行器、直升机和降落伞，希望可以实现空中旅行，虽然这些想法在当时都难以实现。他的灵感来自风筝和飞行动物，例如飞鸟、蝙蝠等。他绘制了约500张飞行器和鸟类飞行的草图。

他设计的飞行器也被称为“扑翼飞机”（依靠扑扇机翼实现飞行的飞行器）。机翼框架的材质为松木，内嵌丝织物，长度为10米，尖状，状如蝙蝠翅膀。飞机中心安装一块木板，飞行员以俯卧的姿态固定在木板下，然后脚踩曲柄，带动连杆和滑轮，扇动机翼，另外有手柄用于提供额外的动力。在另一种扑翼飞机的设计中，

下图：大约在1485年，达·芬奇基于对鸟类和蝙蝠的观察，绘制的人力飞行器的草图。

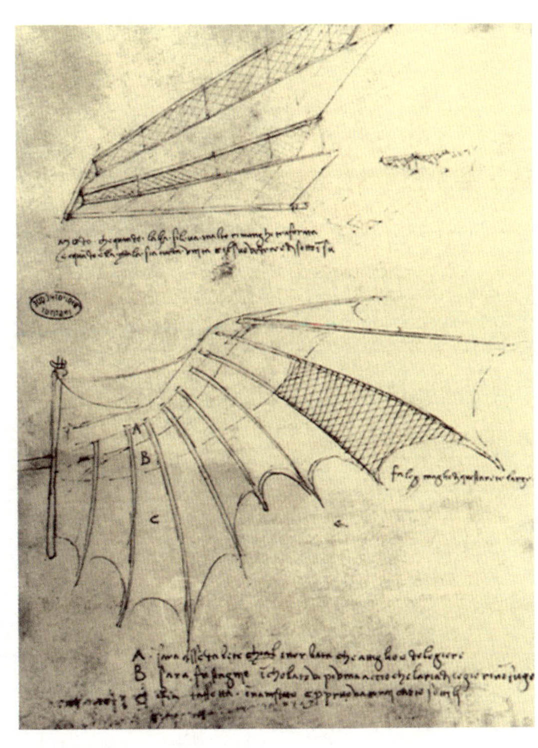

飞行员站立操作。考虑到人的体重，机器也没有发动机，这种扑翼飞机无法从地面起飞。达·芬奇设计的直升机有一个直径2米的旋翼，支撑飞行员的部件由连接在一起的芦苇管构成。准备起飞时，4名男子站在中央的圆形操作平台上，每人手握一根与中心木轴相连的直立木轴，中心木轴与旋翼相连，推动4根木轴带动桨叶旋转，推动直升机升空。

达·芬奇料到桨叶和操作台之间会产生摩擦，于是发明了第一个现代意义上的滚珠轴承。不过，和他设计的飞行器一样，直升机过重，无法克服地心引力，永远也不可能离开地面。

达·芬奇设计的降落伞主体是一块约7米的等边亚麻布，布上涂有树脂。降落伞由边长约7米的三角形木杆打开。他曾说，使用降落伞的人可以从任何高度跳到地面而不会受伤，但他从未进行过试验。2000年，跳伞运动员阿德里安·尼古拉斯根据达·芬奇的草图，制作出降落伞并对其进行测试。据他说，降落伞使用效果堪称完美，甚至比现代降落伞下降得更为平稳。

达·芬奇设计的潜水艇

1515年左右，达·芬奇绘制了潜水艇的草图，但由于担心“那些邪恶之徒利用其在海下进行暗杀行动”，他并没将草图公布于众。1578年，英国数学家威廉·伯恩绘制了真正意义上的潜水艇草图，其船体为木质结构，外面以防水皮革覆盖，下潜时用手钳进行收缩，可减小船只体积，船桨能推动船只前进。

荷兰发明家科尼利斯·德雷贝尔研制成功了第一艘潜水艇，他称之为“潜水船”，于1620—1624年在伦敦的泰晤士河上进行了试验。在威斯敏斯特到格林尼治的河段上，这艘潜水艇的第三个模型在水深5米的地方试验成功，这场试验持续了3个小时。国王詹姆斯一世和数千名伦敦观众见证了试验，詹姆斯一世还登船进行了短暂的参观。潜水艇的整个船体都覆

上图：这幅图片展示了科尼利斯·德雷贝尔潜水木船的样子。他的设计草图和相关文字说明没有保存下来。

盖着涂有油脂的牛皮，中间是一个防水舱，可容纳16人，乘客坐在压舱的猪皮囊袋上，有管道通往船外，皮囊空时由绳索绑住，需要注水时则解开绳索。皮囊注水后潜水艇可下潜，上浮时乘客须将皮囊内的水挤出。潜艇配有六支船桨，为潜艇前进提供动力。船舱内的空气来自两根管道，可用浮标打开管道露出水面一端的开口。

德雷贝尔

科尼利斯·德雷贝尔（1572—1633）出生于荷兰的阿尔克马尔镇，最初在著名雕刻师亨德里克·高尔丘斯那里当学徒，高尔丘斯激发了德雷贝尔对炼金术的兴趣。后来，德雷贝尔成了一位出色的雕刻师。他于1595年结婚，共养育了四个孩子。1604年，德雷贝尔一家应英格兰国王詹姆斯一世的邀请移居英格兰。詹姆斯一世还将德雷贝尔引荐给威尔士亲王亨利。德雷贝尔发明了一种安装在地球仪中的永动钟，令王室成员倍感惊讶。这个钟能显示时间、日期和季节，还能随大气压和温度的变化而变化。

1610年，声望渐隆的德雷贝尔受神圣罗马帝国皇帝鲁道夫二世的邀请，来到布拉格。但是次年，鲁道夫政权被推翻，德雷贝尔也遭到逮捕，最后在英格兰法院的介入下，他才重获自由。大约在这时期，德雷贝尔开始建造三艘潜水艇，一艘比一艘大。1620年，德雷贝尔的潜水船试验震惊世人，令他名闻天下。他的发明成果颇丰，包括改良的温度计、一种鲜红色的染料、复式显微镜（他当时是打磨镜片的专业工匠），以及用恒温器来控制自动调节烤箱的温度。

下图：在同时代的人眼中，德雷贝尔是一位英俊的荷兰农民，机智灵敏，举止优雅。

1625年，詹姆斯一世去世后，新国王查理一世命德雷贝尔入职军械局，为海军研发秘密武器，其中有一种可漂浮的炸弹，但这个武器没有成功。1629年时，德雷贝尔的生活陷入贫困，靠在伦敦桥下开酒馆谋生。

抽水马桶

在文艺复兴之前，公共厕所已经存在了5000多年，主要靠持续的

便携钟表

文艺复兴早期，主要通过大型机械钟敲钟报时。住得离钟楼较远的人听不到钟声，就只能依靠日晷（当时有可放在口袋里的小型日晷），或估计太阳的位置来判断大致的时间。著名的建筑师菲利波·布鲁内列斯基改变了这种状况，他也是一位优秀的钟表匠。他设计了螺旋弹簧，使得便携式机械钟成为一种可能。1410年，布鲁内列斯基在佛罗伦萨制造出第一只便携式机械钟。之后，座钟问世。1500年左右，出现第一批真正的手表，主要是有钱人佩戴，是一种财富的象征。

上图：一款便携式的钟表，镶嵌有金银，其主人是16世纪或17世纪的富豪。

水流冲走排泄物。当时人们已开始在室内使用便壶，经常将污物从楼上窗户直接往街上倾倒。

世界上第一个抽水马桶由英国一位朝臣约翰·哈灵顿爵士（1561—1612）发明，他是伊丽莎白一世的教子。1592年，他在里士满宫为女王建造了一个抽水马桶，在巴斯附近自己的房子里也建造了一个，他当时因为讲了有伤风化的故事而被逐出宫廷，流放于巴斯。这个抽水马桶为椭圆形，状如大碗，深60厘米，上面覆盖沥青、树脂和蜡作为防水材料，马桶上面是抬高的水箱和管道，打开阀门，水从管道流下来冲走污物。冲一次马桶需要28升水，但约翰爵士称，20个人使用过马桶后，才需冲一次水。

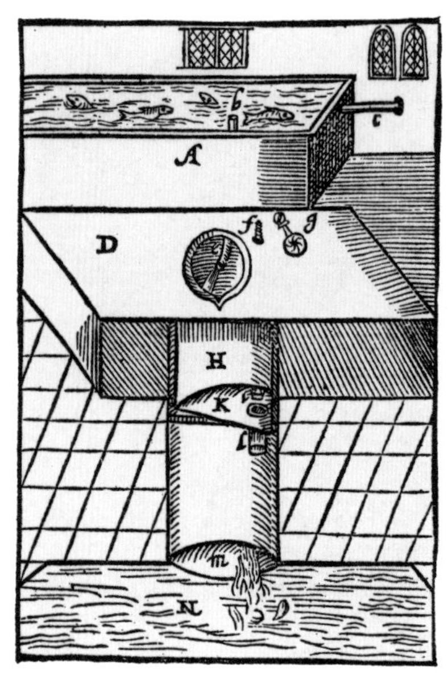

上图：有人建议约翰·哈灵顿在中午和晚上各清空一次抽水马桶，以便它能像“他最华美的卧室那样气味芳香”。

公众对于哈灵顿爵士的发明并不热衷，或许是因为这种马桶散发出的臭味。直到1775年，苏格兰钟表匠亚历山大·卡明斯（1733—1814）发明了S形管道，安装在抽水马桶下面，才解决了臭味过大的问题。他也因此成为首个获得抽水马桶设计专利的人。

数学

文艺复兴时期的哲学家乔瓦尼·皮科·德拉·米兰多拉简明扼要地指出了数学的重要性，他写道：“数学是探究和理解一切事物的方式。”

古希腊著作中有许多数学专著被翻译成阿拉伯语，由拜占庭帝国保存下来。在文艺复兴时期，这些数学专著被重新发现，包括被誉为“几何学之父”的欧几里得的旷世巨著——《几何原本》，这是历史最为悠久的数学专著，还有阿基米德对算术、几何和力学的相关论述。如今，我们还在学习这些著作中的知识和原理，例如欧几里得证明的毕达哥拉斯定理，即直角三角形的两条直角边的平方和等于斜边的平方。

使用阿拉伯数字代替罗马数字是13世纪的一项重大创举，欧洲的计数系统由此增加了0和小数点的概念。阿拉伯数字最初由印度人发明，因为阿拉伯人翻译了许多数学和天文学著作，人们以为这些数字是阿拉伯人发明的，故而得名。当时，这套阿拉伯数字遭到了一些人的抵制。1280年，佛罗伦萨禁止银行家使用阿拉伯数字，认为0会导致计算错误，甚至可能被用作密码。不过，这套计数体系非常简单易学，因而迅速在欧洲传播开来。当时的欧洲人用算盘和罗马数字进行计算。1495年左右，达·芬奇在笔记本中写道：“从卢卡先生处学习乘法。”这位卢卡先生指的是卢卡·帕乔利，一位方济会修士和数学家，也是著名的会计师，被称为“复式簿记之父”，虽然当时复式簿记早就开始使

左图：1503年出版的图书中的版画插图。用阿拉伯数字计算的速度要比使用算盘快得多。

用了。1494年，帕乔利在《算术、几何、比及比例概要》一书中对数学进行了细致的阐述。这本鸿篇巨制厚达615页，书中论述了复式簿记的发展过程。在整个欧洲，这本专著被译成多国文字，产生了巨大的影响。1509年，他又出版了《神圣比例》一书，书中的插图由达·芬奇绘制。

帕乔利

卢卡·帕乔利（1445—1517）出生于托斯卡纳的圣塞波尔克罗镇，后来成为威尼斯一个商人的家庭教师，教授他的三个儿子。1470年，他为这三个学生撰写了一本算术专著。15世纪70年代初期，他搬到罗马，成为方济会的一位修士。1477—1480年，他在佩鲁贾大学教授数学，撰写了一本更为全面的数学教科书，但该书并未出版。后来他还在那

右图：意大利画家雅各布·德·巴尔巴里于1495年创作的作品，画中卢卡·帕乔利正在解释欧几里得的定理。

数学与魔术

卢卡·帕乔利是一位业余魔术师，他还写了一本关于魔术和数学的书，教授如何使用密码，如何表演纸牌戏法、杂耍、吞火，以及如何解开数学谜语。这本《数字的力量》是世界上最古老的以魔术为主题的著作，成书时间在1496—1508年，后藏于博洛尼亚大学，直到2008年才被译成英语。

在帕乔利的一种纸牌魔术中，一个男孩儿被带到一个房间里，让他猜哪些纸牌被另一个房间里的人摸过，答案其实就隐藏在纸牌上。还有一种魔术则更具危险性，在熔铅里洗手，当然，在这之前得先将双手浸在含有明矾的清凉井水中。

这本书也包括数学题和数字谜语，和现代报纸上那些谜语非常像。这本书达·芬奇显然也参与其中，因为在他的笔记本里发现了书中的一些谜语，还有帕乔利的评语："莱昂纳多呀，你自己可以多做做这些题。"

不勒斯和罗马的大学里任教，1489年返回圣塞波克罗。

1494年，他在威尼斯出版了权威著作《算术、几何、比及比例概要》。在书中，他阐述了复式簿记，并且第一次用意大利语解释了代数学，还指出需要严格地使用精确的会计系统。帕乔利阐述了如何记录库存，当时许多商人都忽略了这一点，还说明了记录每日交易状况的必要性。对于如何记录交易的问题，帕乔利推荐使用一本日记账、一本备忘录和一本复式簿记的分类账。

1497年，应卢多维科·斯福尔扎公爵的邀请，帕乔利移居米兰。在那里，他遇到了在公爵家里担任宫廷画家和工程师的达·芬奇，两人成了亲密无间的朋友，还搬到了一起居住，帕乔利教授达·芬奇数学，达·芬奇则给予帕乔利艺术上的指导。两年后，米兰被法国人占领，他们被赶出了米兰。两人保持了一段时间的联系，1510年帕乔利回到圣塞波克罗后，两人的联系就此中断。帕乔利在故乡度过余生，只在1514年去罗马做过一次讲学。

卡尔达诺

吉罗拉莫·卡尔达诺（1501—1576）是米兰一位律师的私生子。他是当时最优秀的数学家，达·芬奇曾向他请教过几何学方面的问题。卡尔达诺是文艺复兴时期的代表性人物，其成就包括撰写了一本有关代数的重要著作。他还是一位名医，首次对斑疹伤寒进行了临床描述。他父亲给他留了一小笔遗产，他很快就挥霍光了，而且染上赌博的恶习，一生都嗜赌如命。1526年，他获得了医学学位，1534年搬到米兰。他数次申请进入米兰的医学协会，均遭拒绝。生活逐渐困顿后，他又重走赌博的老路，后终于找到一份教职，教授数学。卡尔达诺最终于1539年获准进入医学协会，还担任会长。卡尔达诺医术精湛，欧洲各国的君

卡尔达诺撰写了一本有关代数的重要著作，并首次对斑疹伤寒进行了临床描述。

右图：卡尔达诺对摄影的暗箱进行了重大改进，增加了双凸透镜，可以获得更为清晰的影像。

主首脑、达官贵人，纷纷慕名前来，向他寻医问药。

1539年，卡尔达诺出版了两本数学专著，成为该领域的领军人物，他是最早使用复数概念的人。1543年，他被任命为帕维亚大学的医学教授，1545年出版了数学杰作《大术》，书中阐述了三次代数方程和四次代数方程的一般解法，但两种解法均非他本人所发现。卡尔达诺其他有影响力的著作还有《论赌博游戏》，这是第一部关于概率论的著作；以及《事务之精妙》，阐述了发明与物理相关的实验。他的著作涉及天文学、哲学、地质学和神学等领域，出版了两本自然科学的百科全书，涵盖范围极广，包括宇宙学、力学和密码学等。

HIERONYMI CAR
DANI, PRÆSTANTISSIMI MATHE
MATICI, PHILOSOPHI, AC MEDICI,
ARTIS MAGNÆ,
SIVE DE REGVLIS ALGEBRAICIS,
Lib. unus. Qui & totius operis de Arithmetica, quod
OPVS PERFECTVM
inscripsit, est in ordine Decimus.

HAbes in hoc libro, studiose Lector, Regulas Algebraicas (Itali, de la Cossa uocant) nouis adinuentionibus, ac demonstrationibus ab Authore ita locupletatas, ut pro pauculis antea uulgò tritis, iam septuaginta euaserint. Neq; solum, ubi unus numerus alteri, aut duo uni, uerum etiam, ubi duo duobus, aut tres uni æquales fuerint, nodum explicant. Hunc aũt librum ideo seorsim edere placuit, ut hoc abstrusissimo, & planè inexhausto totius Arithmeticæ thesauro in lucem eruto, & quasi in theatro quodam omnibus ad spectandum exposito, Lectores incitarẽtur, ut reliquos Operis Perfecti libros, qui per Tomos edentur, tanto auidius amplectantur, ac minore fastidio perdiscant.

上图：卡尔达诺的《大术》，强调了代数的规律，这是原书的部分书影。1570年，该书第二版出版。

在攀至事业顶峰时，卡尔达诺却遭受了一连串打击，在他看来，这简直是灭顶之灾。1560年，他最心爱的儿子因毒害妻子，被处以极刑。两年后，卡尔达诺前往博洛尼亚，担任大学教授。1570年，他因推算耶稣的出生星位，被指控离经叛道，遭到监禁。在发誓放弃这种大逆不道的做法后，入狱几个月的卡尔达诺得以释放，但失去了教职，也不得再出版著作。他的最后一本著作是自传《我的生平》。

地理学

文艺复兴时期，随着意大利人越来越多地参与贸易和探险，人们对遥远的海洋和陆地的兴趣高涨。当时可用的地图极少，已有的地图也往往不够准确，关于地理的研究和讨论充斥着种种谣言和猜测。后来两份古典希腊时期的手稿被带到佛罗伦萨，才改变了这种局面。其中一份手稿的作者是2世纪的罗马地理学家托勒密（全名为克罗狄斯·托勒密，约100—170），他出生在希腊，居住在亚历山大。1400年，他的著作《地理学指南》从君士坦丁堡流传出去，1410年翻译成拉丁文。这本著作讲述了托勒密在公元150年对地理学的了解。另一份手稿是《地理学》，作者为希腊人斯特拉博。这本专著成书于公元前7年，共17卷。斯特拉博曾在罗马学习地理，周游各地，足迹远至叙利亚和埃塞俄比亚。

这些影响深远的著作启发了一批佛罗伦萨学者，如波焦·布拉乔利尼和宇宙学家保罗·达尔·波佐·托斯卡内利（1397—1482）。后者认为地球是圆的，向西航行可到达印度。克里斯托弗·哥伦布对这些想法甚为向往，并将其付诸行动。他得到过托斯卡内利写给葡萄牙国王的一封信，信中就有这条西行路线的相关叙述。

15世纪，印刷术的发展推动了地图的传播，这对当时的探索至关重要。这些地图中也有航海图，图中指出了海岸线的特征和水手航行可能面临的危险等。1492年，也就是哥伦布航海的这一年，德国地理学家、航海家马丁·贝海姆（1459—1507）制作了世界上第一个地球仪，不过很多地方都不准确。1507年，德国地图制图学家马丁·瓦尔德泽米勒（1470—1520）和马蒂亚斯·林曼（1482—1511）绘制了第一份世界地图——《宇宙志》，这是第一份将新大陆命名为“美洲”的地图，以纪念意大利探险家亚美利哥·维斯普西。

1544年，德国地图制图学家塞巴斯蒂安·明斯特（1488—1552）制定了一套绘制地图的新标准，出版了《地理图志》，这是德国最早的关于世

上图：1457年，保罗·托斯卡内利绘制的世界地图，图上低估了地球的周长，而哥伦布航海使用的正是这张地图。

界地理的描述。1569年，来自佛兰德斯地区的地理学家格拉尔杜斯·墨卡托（1512—1594）绘制了采用等角圆柱投影的世界地图，即假想地球球面上的图形投影到圆柱体上，再把圆柱体展开成为平面而得出的地图，这种绘制地图的方法被称为“墨卡托投影”，今天仍在广泛使用。

波焦·布拉乔利尼

波焦·布拉乔利尼（1380—1459）本名乔安·法朗西斯卡·波焦·布拉乔利尼，出生于意大利托斯卡纳，是人文主义学者、作家，在佛罗伦萨曾以抄写手稿为业。在此期间，他发明了一种圆润、庄重的人文主义手写字体，后来印刷使用的罗马字体即以这种手写字体为原型。1403年，他搬到罗马，成为教皇卜尼法斯九世的秘书，这是他担任

上图：波焦·布拉乔利尼，他抄写古典手稿的字体非常优美，后成为印刷使用的罗马字体的原型。

秘书的第一位教皇，他先后为四位教皇承担这一工作。随后，他远赴法国、瑞士和德国，在这些国家的修道院中寻找古典著作。他发现了许多拉丁文专著，包括西塞罗的几篇演讲，以及罗马诗人和哲学家卢克莱修幸存的最后一份《物性论》手稿。

1418年，他前往英国，在那里居留了五年，搜集到更多的手稿。返回罗马后依旧担任教皇秘书一职，并继续搜罗手稿。《开怀痛骂》是他影响深远的作品之一，当时他和神职人员以及文学竞争对手经常发生争执，他利用这部作品，对那些质疑自己的人予以机智的回击和无情的揭露。

除了古典手稿，波焦·布拉乔利尼还收集古代雕塑，都放置在他在佛罗伦萨的别墅花园里。1453年，他成为佛罗伦萨的执政官后，开始修撰这座城市的志书，直至去世。

医学

学者重新挖掘和发现失传的古希腊和古罗马经典著作，亦是推动文艺复兴产生的因素之一。不过，医学这个领域似乎从未“消失”在人们的视线中。究其原因，大概是盖伦（130—210）的名声太

海上妖怪

文艺复兴时期的制图师在绘制地图时，经常添加一些奇形怪状的不明生物。这些怪物要么从地图的空白处往里窥视，要么在未知的海域上攻击水手。出现得最为频繁的怪物有海龙、猛蛇、巨鲸和美人鱼。这些妖怪的形状全凭制图师自己想象，他们也会根据水手那听来的奇闻怪谈进行创作，或直接复制在书中或中世纪地图上看到的怪物。当时的人对此习以为常，这些怪物于他们而言只是些有趣的装饰，但对于探险家而言，这些妖怪倒可以明确地提醒他们，茫茫大海中，在前方等待他们的是未知的恐惧。

下图：图中描绘的是一只海上妖怪，传说居住在欧洲西南部的“黑暗之海”。

过显赫，这位大名鼎鼎的医生是希腊人，但居住在罗马。在中世纪，他的医学著作出现翻译版本，而且一直有人使用。文艺复兴学者重新翻译了这批医学著作，以至他各种著作的版本竟有近600种。当时的医生依然信奉人们对解剖学和疾病的认识越来越精确，盖伦的权威理论遭到质疑。

他的医学原理和指导，但是人们对解剖学和疾病的认识越来越精确，盖伦的权威理论开始遭到质疑，比如他的放血治疗法，以及人的健康取决于四种体液的平衡等。不过在当时，对盖伦的治疗方法提出怀疑往往会引发争议，大多数医生也不赞同对他的治疗方法进行质疑。

下图：2世纪，盖伦绘制的一张解剖图，由于当时人体解剖属于禁忌，这张图比较粗略，也未经检测，且不准确。

当时医疗领域的新认识不断增加，主要原因是有了更多解剖人体的机会。之前这种做法受到天主教会的谴责，但在文艺复兴时期，限制有所放松，人们对解剖学有了更深入的了解。一些艺术家甚至也进行人体解剖，如达·芬奇、米开朗琪罗等。1453年君士坦丁堡沦陷后，一些穆斯林学者将翻译成阿拉伯语的古典著作带到意大利和西方，也促进了人们对于疾病及其治疗方法的认识。

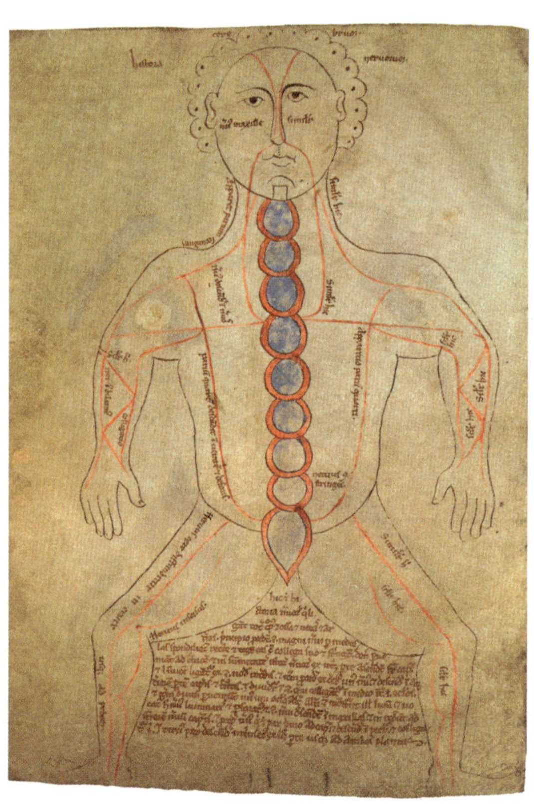

在医学领域做出创新贡献的科学家有：瑞士的帕拉塞尔苏斯（1493—1541），他创立了毒理学；意大利的吉罗拉摩·法兰卡斯特罗（1478—1553），他提出疾病是由病原体引起的；英国的威廉·哈维（1578—1657），他发现了血液循

环的规律；法国的安布鲁瓦兹·帕雷（1510—1590），他创立了现代法医病理学，并发明了外科手术器械。

帕拉塞尔苏斯

上图：帕拉塞尔苏斯肖像的复制品，原作由与他同时代的艺术家昆汀·马提西斯创作，已遗失。这位艺术家属于弗拉芒画派。

民间医学虽有一定的落后性，但也推动了文艺复兴时期医学的进步。帕拉塞尔苏斯（1493—1541）是来自瑞士的医生和炼金术士，他一方面致力于推动医学的科学发展，一方面也认为民间医学有其长处。他的真名是提奥弗拉斯特斯·奥里欧勒斯·博姆巴斯茨·冯·霍恩海姆，出生在苏黎世附近，父亲是一名医生。他在意大利学医，1516 年获得费拉拉大学的博士学位，后成为威尼斯军队的一名外科医生。他周游欧洲各国，曾踏足于不列颠群岛、俄国和埃及。在游历过程中，他受到了民间医学的影响。他说：“我从不耻于向流浪汉、屠夫和理发师学习。”帕拉塞尔苏斯质疑人体健康取决于四种体液的观点，还呼吁医生重视医学实验，所以逐渐为人所熟知。他在治疗中使用金属和矿物质，比如用金属汞来治疗梅毒。

帕拉塞尔苏斯创立了毒理学。他针对疾病特定的位置而确定使用化学药品的剂量，强调人与自然

放血疗法

放血一度是欧洲外科医生普遍采用的医疗手法，已有近2000年的历史，这种疗法在文艺复兴时期依然大行其道。盖伦认为血液是人体的主要体液，提倡将这种疗法用以治疗头痛、发烧和中风等疾病。他认为人之所以患这些疾病，原因是体内血液太多。这类疾病发作时，外科医生会切开病人的静脉血管，流出部分血液（“让血管得以呼吸”）。不同的疾病，身体放血的部位也不同，盖伦甚至将不同的血管与身体不同的部位联系起来。但是，放血过量，可能会导致贫血甚至死亡。

文艺复兴时期的外科医生固守放血理论的陈规，认为盖伦和希波克拉底都曾实践过这种疗法。法国内科医生、解剖学家雅各布斯·西尔维乌斯（1478—1555）说：“盖伦和希波克拉底在医学或其他医学相关领域的任何著述皆无可辩驳。”西尔维乌斯还给不同的血管命名，如颈静脉、腋静脉和股静脉等，这些名称今天仍在使用。当时外科医生在放血疗法上唯一的争议是，放血应该在疾病同侧的身体部分进行，还是在相反一侧进行。

和谐的重要性，并根据行星的排列更改处方。帕拉塞尔苏斯称上帝为“伟大的魔术师”，而且相信仙女和守护精灵的存在。1526年，他成为瑞士巴塞尔大学的医学教授，穿着炼金术士的皮围裙讲课，还烧毁盖伦等古代著名医生的著作。由于他的观点离经叛道，1538年，帕拉塞尔苏斯被逐出巴塞尔，三年后在奥地利去世。

法兰卡斯特罗

吉罗拉摩·法兰卡斯特罗（1478—1553）出生在意大利维罗纳，后来成为文艺复兴时期一个通晓天文学、地质学、地理学、哲学、数学和解剖

上图：文艺复兴时期，艺术作品经常描绘放血疗法的恐怖场面，但无法杜绝这种治疗手法。

学的全才。1502年，他获得帕多瓦大学的医学学位，同年成为一名逻辑学讲师，不久之后又成为一名医学讲师，还与在帕多瓦学习医学的天文学家哥白尼成为朋友。

1509年，法兰卡斯特罗在维罗纳成立了一个诊所。1525—1530年，他发表了一首篇幅有三册的诗。正因为这首诗，梅毒的名字从“法国病”①（the

① 相传梅毒由跟随哥伦布远赴美洲新大陆的船员带回欧洲。这些船员回到欧洲后，大部分加入法国军队，在法国与意大利交战时，将梅毒传至意大利，当时的意大利人就将这种疾病称为“法国病”。——译者注

French disease）改为“syphilis”[①]，这是梅毒在英语中的学名。他还称这种病可以用水银治愈。法兰卡斯特罗的大名由此传遍欧洲，这首诗也被翻译了100余次。

成为教皇保罗三世的私人医生后，1545—1563年，法兰卡斯特罗受教皇之命，担任三轮特伦托宗教会议的医疗顾问。特伦托鼠疫爆发后，在法兰卡斯特罗的劝说下，会议移至博洛尼亚进行。

1547年，法兰卡斯特罗出版专著《论传染和传染病》，阐述他关于传染病的观点，书中指出传染病的病因是细菌。他还指出，细菌可以通过直接接触和间接接触传播，甚至可通过空气进行远距离传播。这些观点比法国微生物学家路易斯·巴斯德发现细菌早了近300年。

四种体液

亚里士多德是古希腊哲学家，也是一位医生。他与希波克拉底和盖伦等人都主张体液学说——人的身体由四种体液主宰。文艺复兴时期，这种观点受到了冲击。体液学说认为，人类和动物的行为是由土、水、气、火四种元素以及冷、热、湿、干等因素决定的。另外一个影响人类和动物行为的因素是体液，这是医生们最为关注的。他们提出的四种体液及其特征分别是：位于脾脏的黑胆质，易使人忧郁；位于胆囊的胆液质，易使人暴躁；位于大脑的黏液质，使人性情沉静；位于心脏的血液质，使人天性乐观。

体液学说认为，人体的健康主要依靠体液的平衡状态，体液一旦失衡，就会导致疾病。多个世纪以来，体液学说一直是医疗实践的主要依据，治疗的最终目的就是恢复体液平衡。不过，一些治疗方法颇令人不适，如医生最常用的放血疗法，据说为了清除体内多余的血液和废物，使

---

① 法兰卡斯特罗这首长诗在当时颇为流行，从拉丁文译成多国文字，诗中有历史上最早对梅毒的完整描述，因此诗中主角的名字“Syphilis”就成为梅毒的正式英文名称。——译者注

上图：486年，当时的《约克郡医匠①四体液学说行医指南》。体液学说根据哪种体液偏盛的情况将人分为四类，图中刻画的正是四类人的形象。

---

① 医匠在英文中作“barber surgeon”，字面意思为理发师兼外科医生。中世纪这类医生通常没上过正规的医学院，通过向更有医术经验的同行学习成为“赤脚医生”，一般只进行放血、灌肠和拔牙等治疗，同时提供剪发服务。现在理发店的红白蓝三色旋转灯柱，就是从当年理发师进行放血治疗后包扎伤口的绷带演化而来。——译者注

新食物如何用于治疗？

对文艺复兴时期的医生来说，搭配能让四种体液维持平衡的食物并非难事，盖伦这位2世纪的希腊医生早就对这类食物有过相关描述和分类。但在16世纪，世界各地的物产进入欧洲，如可可、茶和咖啡，这些新事物盖伦闻所未闻，也不可能指导如何对它们进行使用。没有了医学权威的指示，如何在医疗中使用这些新事物就引起了争议。一些医生利用咖啡帮助升高病人的体温，而另一些医生则用它来给病人降低体温。至于可可，医生本将其列为一种干苦之物，可以用来治疗黏液质相关的疾病。但加入蔗糖后，可可又变身为巧克力饮品，这给医生带来了一个难题。医生们认为加了糖之后的可可偏“湿性”，那么它是否依然可作为治疗黏液质失衡引起的“湿寒”问题呢？在这个问题上，医生们众说纷纭，莫衷一是。

身体得到净化。盖伦曾撰写过一套共三册的著作《论饮食的作用》，在书中列出不同体液适宜的食物，并指出，医生应根据特定的体液失衡状态，制定相应的饮食治疗方案。因此，发烧时要吃冷食，如沙拉等。莎士比亚在《驯悍记》中就曾描写过这套治疗方法。彼特鲁乔认为自己的悍妇妻子凯瑟琳娜脾气暴躁，就是因为她体内热量过高，因此拒绝让凯瑟琳娜吃烤肉等上火的食物。

放血是医生最常用的疗法，目的是清除体内多余的血液和废物，使身体得到净化。

文艺复兴时期，内科医生仍然采用体液平衡法治病，但有些人开始对此产生怀疑。佛兰德斯地区的外科医生、解剖学家安德烈·维萨里（1514—1564）就指出了盖伦的一些错误，瑞士内科医生帕拉塞尔苏斯不仅不遵从体液学说的理论，还使用化学药品来治疗疾病。他也认为盖伦的理论中存在几处差错，因此将盖伦的书焚毁，引起了众怒。

艺术家手下的解剖和解剖学

文艺复兴时期的画家和雕刻家鲜有机会亲眼看到裸体，更别说通过解剖尸体来获得人体构造的知识。有些人依靠裸体或半裸体的模型来了解肌肤包裹下的肌肉和肌腱走向。佛罗伦萨艺术学院将解剖学课程作为学生的必修课。课程的解剖工作通常由医生进行，学生绘制解剖图。一些医生就与艺术家达成协议，允许他们参与解剖，作为回报，医生可以在自己专著的相关章节中使用艺术家绘制的解剖图。

佛罗伦萨画家、雕刻家、雕塑家安东尼奥·德

下图：《十个裸体男子的搏斗》是波拉尤奥罗唯一签名的雕刻作品，表现了他对解剖学的深刻理解。

尔·波拉尤奥罗（约1432—1498）是最早解剖尸体的艺术家之一。他的雕刻作品《十个裸体男子的搏斗》（约1465）首次从现实主义的角度，逼真地展现了男性的动态形象，是15世纪最重要、最具影响力的肖像作品。佛罗伦萨雕塑家巴乔·邦迪内利（约1493—1560）也曾解剖过尸体。他向一位公爵表示："为了精进我的艺术技能，我已经解剖过尸体，我现在可以向您展示如何解剖大脑，就连活人我都知道如何解剖。"

艺术大师达·芬奇和米开朗琪罗能够对人体进行精确的描绘，也得益于他们在解剖上的经验。从解剖尸体经历中获益的艺术家还有佛罗伦萨雕塑家、雕刻家多梅尼科·德尔·巴比里（约1506—1565）和佛兰德斯地区艺术家彼得·保罗·鲁本斯（1577—1640），两位艺术家都对人体肉和骨骼进行过描绘。与解剖相关的作品有多梅尼科·德尔·巴比里的雕刻作品《两个被剥皮的人及他们的骨骼》（1540—1545），以及鲁本斯的素描作品《解剖学研究：右前臂和两种角度下的左前臂》（1600—1605）。

达·芬奇与解剖学

达·芬奇在解剖学方面的探索是从动物入手的，他解剖过熊、马等动物，绘制过头骨等解剖图。1489年，他开始在佛罗伦萨的圣玛丽亚诺瓦医院（今天仍然存在）解剖人的尸体。1506年，他得到允许，解剖一位百岁病人的遗体，达·芬奇说："这位病人去世时是如此安详，我要找到个中的原因。"通过解剖，达·芬奇发现，"病人死亡的原因是动脉供给心脏及身体下半部的血液不足"，这是对冠心病的首次描述。

在那个年代，能用以解剖的尸体很难获取。1510年，他参与了一位解剖学教授的工作，获得更多的解剖机会。次年，这位教授去世。两年后，达·芬奇决定将人的心脏部位作为研究重心。1513年，他已经解剖了大约30具尸体，许多解剖工作都是他点着蜡烛，在教堂的地下室里进行的。

与米开朗琪罗和其他人相比，达·芬奇对人体的研究更为深入。他绘

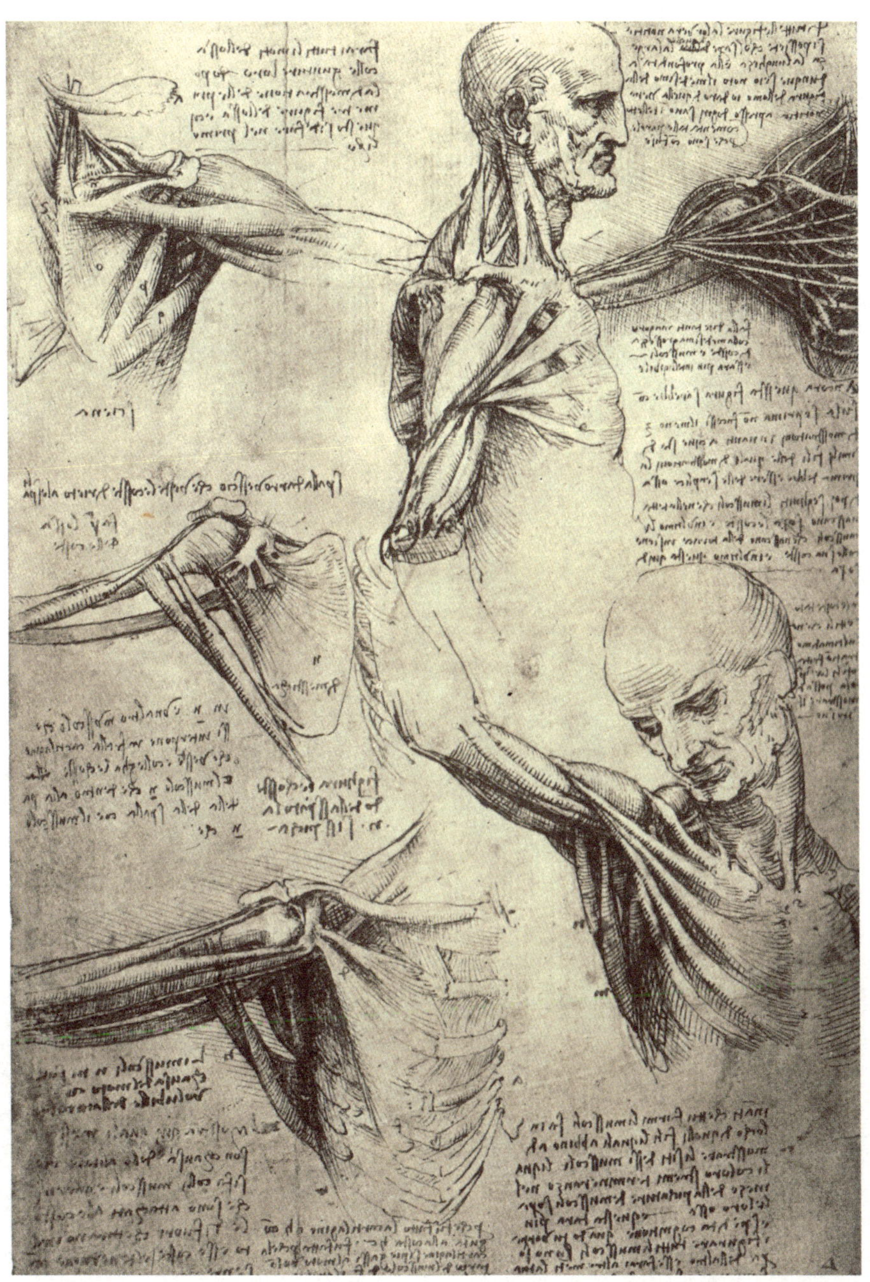

上图：1510年左右，达·芬奇详细绘制了一个男性的颈部和肩部解剖图，还进行了详尽的注释。

制了极为精准的解剖图像，首次画出了人体脊椎准确的曲线，并且首次对人类胎儿进行了精确的解剖学研究。1516年，他“退休”移居法国后，继续对胚胎学和心脏瓣膜进行研究，制作了一个主动脉的玻璃模型，用含有草籽的水来模拟血液的流动（后来证明，这个模型是准确的）。达·芬奇从未发表过任何解剖图像和解剖学论著。将近400年后，他这些研究成果才被世人发现。

米开朗琪罗与解剖学

18岁时，米开朗琪罗就进行了他人生中的第一次人体解剖。他为佛罗伦萨圣斯皮里托修道院的祭坛制作了木制的十字架，之后获准进入修道院的医院进行解剖。修道院院长批准他使用一些房间进行这项研究（当时解剖是非法的，解剖已被处决的罪犯除外）。

不管是人体，还是动物，米开朗琪罗在完成解剖工作后，都会绘制解剖图像。意大利艺术家、建筑师和历史学家乔尔乔·瓦萨里在1550年出版了《艺苑名人传》一书，书中这样描写米开朗琪罗：“他是个追求完美的人，进行了不计其数的解剖，以了解骨骼、肌肉、血管和神经的构造原理，以及人体的各种动作和姿态。其实他不仅解剖人体，也解剖动物，尤其是马……”

当时，人们都认为米开朗琪罗解剖过的人体比专业的外科医生还要多，因而也获得了更多解剖相关的知识。他的解剖工作一直持续到晚年。米开朗琪罗在解剖学上的认识对他在艺术作品中人体形象的描绘有很大的帮助，他的作品《最后的审判》中，对奴隶和人体的许多描绘充分说明了这一点。

这项工作严重影响了他的食欲，令他难以进食。因此随着年龄的增长，米开朗琪罗也减少了解剖的工作量。

上图：西斯廷教堂里的《利比亚女先知》是米开朗琪罗不朽的杰作，图中的粉笔画是他创作前的准备。

维萨里

安德烈·维萨里（1514—1564）出生在比利时布鲁塞尔，该地当时属于神圣罗马帝国。1529—1533年，维萨里在比利时鲁汶大学求学，之后来到巴黎大学学习医学。1536年，因神圣罗马帝国对法国宣战，他离开巴黎大学，返回鲁汶大学继续学习医学，随后又前往意大利帕多瓦大学深造。1537年，他在帕多瓦大学获得博士学位，同时获得教授外科和解剖学的教职。

下图：荷兰艺术家简·史蒂文·范·卡尔卡的木刻作品，图中安德烈·维萨里手里拿着他正在解剖的手臂。

维萨里为学生绘制了解剖图。他的研究需要使用尸体，当时获得尸体并非易事。1539年，帕多瓦的一位法官开始将罪犯的尸体供给他使用。2世纪时，居住在罗马的著名希腊医生盖伦也进行过解剖，但当时教会禁止解剖人体，他只能解剖猿、狗等动物尸体。盖伦的理论一直被奉为圭臬，但维萨里驳斥了他的许多观点，这在当时需要极大的勇气。1543年，维萨里根据自己解剖工作中的发现，出版了七卷本专著《人体构造》，这是历史上第一本人体解剖学专著。

同年，他将这本书呈献给神圣罗马帝国皇帝、西班牙国王查理五世，获得查理五世的赏识，成为王室御医。1556年查理退位时，册封维萨里为伯爵，并享受终身奉养。维萨里也是查理的儿子西班牙国王腓力二世的私人医生。从1559年开始，他一直担任马德里的宫廷医生，直至去世。1564年，他在返回耶路撒冷的路途中，在一个希腊岛屿上不幸逝世。

第 4 章

航海与发现

15世纪80年代，文艺复兴时期的探险家们勇敢地踏上探索旅程，极大地拓展了已知世界的范围。尽管一些航海家意在征服和掠夺，但在人文主义熏陶下产生的了解遥远未知世界的愿望，才是推动他们开展这些冒险活动的主要原因。

开启探索新世界的大幕后，欧洲探险家们取得了一系列令人瞩目的成就：1492年克里斯托弗·哥伦布在加勒比海群岛登陆；1497年，约翰·卡伯特抵达北美；1498年，达·伽马发现了通往印度的海上航线；1522年，麦哲伦的船队完成人类首次环球航行（麦哲伦于一年前在太平洋的一个岛屿上去世）；1577—1580年，弗朗西斯·德雷克也进行了环球航行，途中击退了西班牙无敌舰队。这些长距离的海上航行促进了舰船设计的改进。船身变得更长更高，有两至三个甲板，用以装载枪炮等武器，船帆也从原来的三张增加到五张。

这些旅程充满了风险，船员往往都是用原始的

前页图：1492年10月12日，克里斯托弗·哥伦布登上加勒比海一个岛，宣称该岛主权属于西班牙国王和王后。

仪器来确定方位，例如星盘。它可以通过测量地平线和北极星之间的夹角来计算纬度，但这种自2世纪以来一直使用的仪器有时不够准确。（2014年发现了达·伽马船队中“埃斯梅拉达”号的残骸，从中找到了一只星盘。）到了14世纪，磁罗盘取代了星盘，罗盘存放于开口的木箱中，方便观测。

组建一支大型探险船队费用非常高昂，需要给船队配备食物和其他补给，当然，每艘船只还要配

右图：坎提诺平面球形图（以平原表示球体）以阿尔贝托·坎提诺的名字命名，他是一位意大利密探，地图被他从葡萄牙偷带到意大利。

足船员。航海探险的资金可能来自王室，如哥伦布的船队；也可能是探险家们的私人资金，如达·伽马的船队；或者由投资者出资，如在弗吉尼亚地区的罗阿诺克建立殖民地的船队。

绘制世界地图

开启文艺复兴的探险时代的时候，大多数人使用的是古希腊地理学家托勒密绘制的世界地图，当时这份地图刚被重新发现。托勒密的世界地图在地理位置上大体准确，但对整个世界地理的描述有不少错误。新的航海

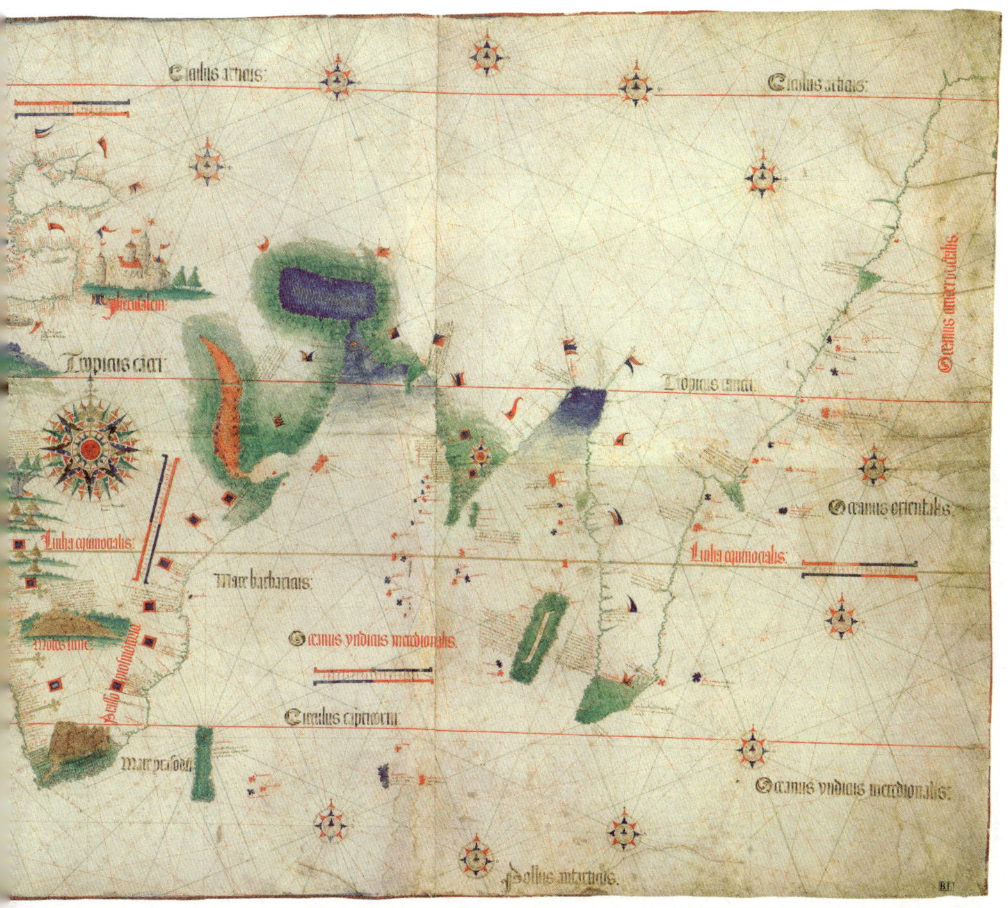

探险时代开始后，这幅地图中的错误逐渐得到修正，新的地理发现不断补充进来。亨里克斯·马提勒斯首先将这些新的变化整理归纳出来。他是一位在佛罗伦萨工作的德国人。1490年，他根据葡萄牙探险家巴尔托罗梅乌·迪亚士（约1450—1500）在1487—1488年间绕过好望角的航行记录，绘制出一份世界地图。马提勒斯的地图修改了非洲的形状，而且认为印度洋是一处开放水域。在托勒密的世界地图上，印度洋却是一个封闭的水域。

马提勒斯的地图出版两年后，哥伦布开始了他的西向航海之旅，这次航行的发现将使地图制图师再次对世界地图进行修改。1502年，坎提诺世界地图在葡萄牙绘制成功，这是第一个添加哥伦布航海发现的地图，图上出现了加勒比海群岛、佛罗里达部分地区以及巴西。随后，一批优秀的德国地图制图师，如马丁·瓦尔德泽米勒（1470—1520）、塞巴斯蒂安·蒙斯特（1488—1552）和佛兰德斯地区的地理学家墨卡托（1512—1594）等，相继绘制出多个版本的世界地图。

哥伦布

克里斯托弗·哥伦布（1451—1506）出生于意大利的热那亚，他的父亲是一名羊毛编织工人。十几岁时，他就跟随葡萄牙商船队进行过数次航海，后在葡萄牙定居。哥伦布深信地球是圆的，希望找到一条从西方通向东方的海上通道，到达印度、日本、中国以及香料群岛，将丝绸、香料等贵重物品带回欧洲。哥伦布向葡萄牙国王约翰二世寻求资金支持，但遭到拒绝。他转而向西班牙国王费迪南德和王后伊莎贝拉求助，终于在第三次恳求时获得支持，并获封海军上将。

1492年8月3日，哥伦布带领一支含三艘船、大约90名船员的舰队，英勇地开启了这次远洋航行。三艘船中，“尼娜”号和“平塔”号是小型商船，配三角帆，“圣玛丽亚”号则是配方形帆的大型商船。旅程充满了艰

上图：1492年8月3日，哥伦布在西班牙港口帕洛斯德拉弗龙特拉告别伊莎贝拉王后。

难险阻，船员曾威胁发动叛变，意图迫使哥伦布返航。哥伦布使出缓兵之计，承诺船员两天后将返航，却在日记中写道他永不放弃。十周后，也就是10月12日，他们来到了一个小岛，即后来的巴哈马群岛中的一个，哥伦布将它命名为“圣萨尔瓦多”，宣布此地归西班牙国王和王后所有。他将此地误认为印度，因此称当地居民为“印第安人”。在之后的航行中，哥伦布相继发现了一系列岛屿，包括古巴，他先将其错认为日本，之后又认为它是中国；以及海地，哥伦布将它当作日本。

1492年的圣诞节，舰队中的大船“圣玛丽亚”

上图：美洲平版画家路易斯·普朗创作于1893年的作品，表现了1526年5月20日在西班牙的巴利亚多利德，哥伦布临终前的场景。

号撞礁后沉没。哥伦布加入“尼娜”号船队，“圣玛丽亚”号的39名船员则留在海地岛（包括现在的海地和多米尼加共和国），修建房屋围栏，建立了居留地。在葡萄牙稍作停留后，哥伦布终于在1493年3月15日，胜利返回西班牙，受到英雄般的欢迎。他带回的战利品中，有途中俘获的印第安人、金子、火鸡、鹦鹉、菠萝和香料，还有一些奇珍异宝。哥伦布获得了一大笔赏金和印度总督的头衔。水手罗德里戈·德·特里亚纳（1469—1535）

在葡萄牙稍作停留后，哥伦布终于在1493年3月15日，胜利返回西班牙，受到英雄一般的欢迎。

也获得奖赏，他是“平塔”号的船员，在瞭望台上首先发现了新大陆（哥伦布声称是他先看到的）。

之后，哥伦布曾三次航行至加勒比海，在1493年的第二次航行中，他首次将马匹引进美洲。他始终坚信那里就是东方。他前往特立尼达岛和南美洲大陆后，返回海地，却发现先前态度友好的印第安人，竟然已杀死了居留当地的西班牙人，还摧毁他们建造的房屋围栏。作为总督，哥伦布并不称职，他被指控虐待自己的部下，并对印第安人进行了残酷的报复。当他启程返回西班牙时，他让两个弟弟巴多罗买和迭戈镇守居留地。但是，西班牙国王费迪南德和王后伊莎贝拉派遣了一位新总督到海地，撤销了他的职务，并逮捕了哥伦布。之后，哥伦布再次前往美洲，到达巴拿马。此时的哥伦布，尚未意识到他发现新大陆的重大意义，也不知道他激励了欧洲人前仆后继地进行航海探索，前往美洲开创殖民事业。

新旧大陆食材的丰富

1492年哥伦布第一次到达巴哈马时，他发现了各种新奇的食物，如玉米、南瓜和菠萝等。有些食物受到船员们的一致喜爱，有些在他们看来就比较怪异，比如用禽肉做的布丁。当地人还给他们品尝了烤玉米做成的玉米粥，以及用玉米粉制成的香甜热饮。有些食物的味道他们很熟悉，例如一种面包，哥伦布形容“吃起来就像用栗子做的食物那种口感”。

新大陆上各种闻所未闻的食物让探险家们应接不暇：各种海产、玉米、豆类、南瓜、火鸡、土豆、甘薯、番茄、木薯、辣椒、花生、山核桃、腰果、大蕉、蓝莓、木瓜、牛油果、可可豆，等等。

在1493年的第二次航行中，哥伦布将非洲西北部加那利群岛的甘蔗带回加勒比海。最初几次种植尝试都失败了，最后请来加那利群岛的甘蔗种植专家才成功。新大陆出产的第一批甘蔗于1516年运回欧洲。在之后的航

右图：这是一份1492年5月15日的文件，准许海军上将哥伦布在西班牙圣塔菲地区为他的第一次远洋航行征集粮草。

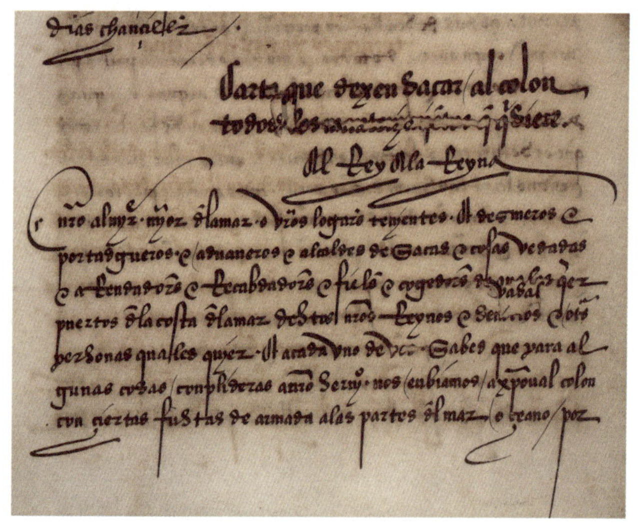

行中，哥伦布陆续把旧大陆的食物引进新大陆，包括小麦、燕麦、大麦、水稻、萝卜、卷心菜、莴苣、芜菁、香草、甜瓜、鹰嘴豆、橄榄油和咖啡，以及牛、鸡、猪、绵羊和山羊等禽畜。

教皇分割新大陆

哥伦布发现新大陆后，为获取新世界的主权并建立殖民地，欧洲列强争斗不休，战争一触即发。为了调和矛盾，西班牙和葡萄牙请来出生在西班牙的教皇亚历山大十六世。1493年，亚历山大十六世颁布谕令，宣布新大陆各地区的归属。在大西洋上从北至南画一条线，将新大陆一分为二，西班牙独家拥有这条线以西的大陆，即美洲；线以东的地区归葡萄牙所有，即非洲和亚洲。双方在各自领地均享有贸易垄断权，有权控制任何未由基督教君主统治的土地。这意味着其他欧洲国家的船只不能在这两个地区航行，所以也无法建立殖民地。

两国都对这一决议表示认可，并根据这一决议于1494年在西班牙签署了《托尔德西利亚斯条约》。在条约中，分割线进一步西移，将巴西东面临海地区划给葡萄牙。1506年，这一变动获得另一位教皇儒略二世的首肯。其他欧洲国家立即对这一安排提出了异议。英格兰女王伊丽莎白一世认为，所有欧洲国家都有权获得未被基督教君主统治的土地的主权；法国国王弗朗索瓦一世也提出，所有国家都有航海自由。由于欧洲各国均无视这条无形的界线，多年来它们之间也冲突不断。

下图：1494年6月7日，西班牙和葡萄牙两国的代表在西班牙中部的托尔德西利亚斯小镇签订《托尔德西利亚斯条约》。

地图里的政治玄机

尽管西班牙和葡萄牙已就新大陆的划分达成一致，但两国均不愿将东印度群岛的归属权让出。东印度群岛也被称为香料群岛。

地图制图师迪奥戈·里贝罗（？—1533）是葡萄牙人，但为西班牙王室工作。1529年，他绘制了一幅世界地图，增加了七年前麦哲伦船队

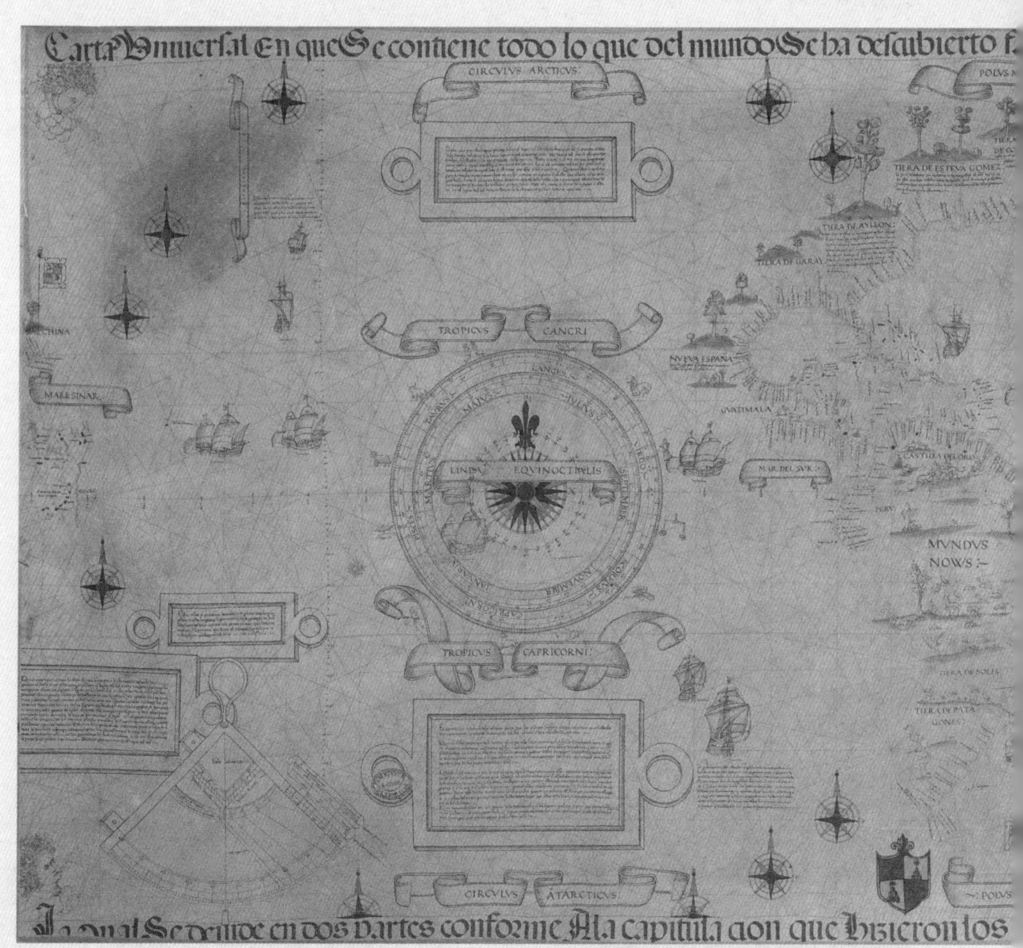

环球航行中获得的地理信息。为了帮助西班牙在马六甲争端中占据上风，他把属于葡萄牙的马六甲群岛“移”到了分割线另一边西班牙的势力范围内。

下图：后来，经过证实，里贝罗地图上划分的界线存在错误，但这个错误在几个世纪以后才得到纠正。

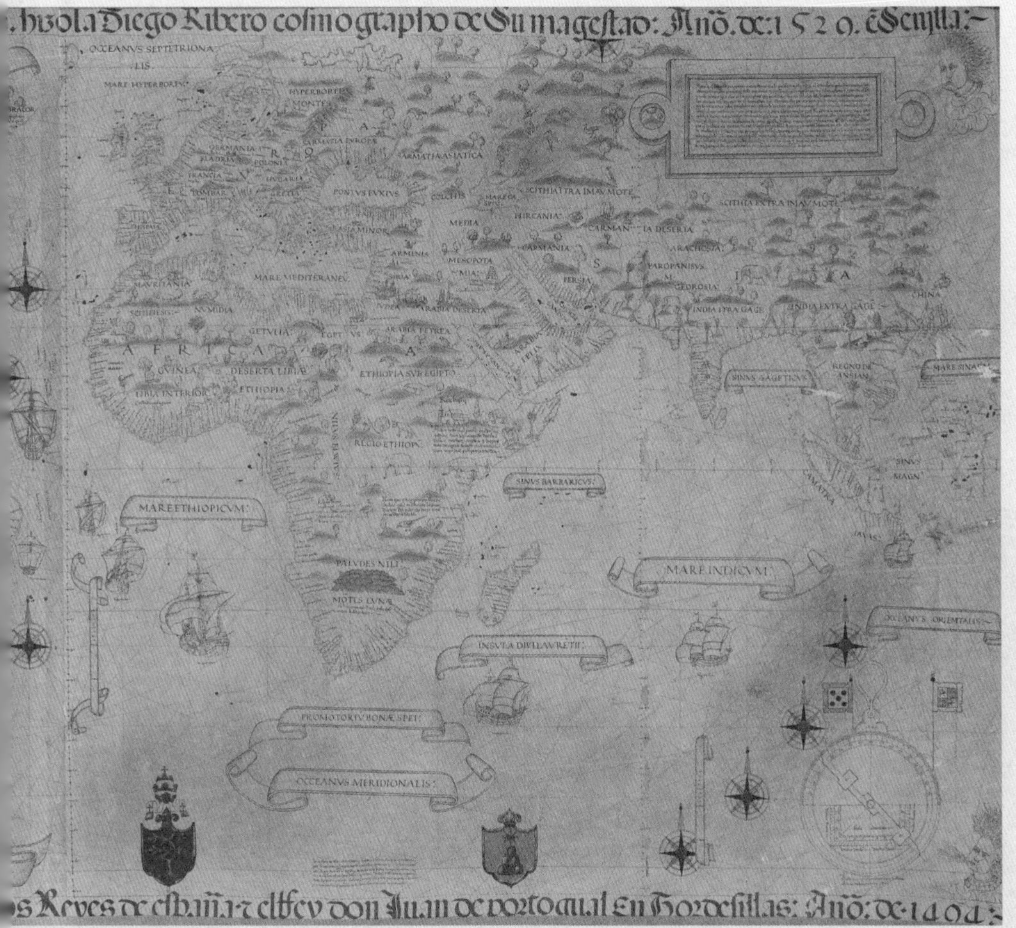

约翰·卡博特

约翰·卡博特（约1450—1498）原名乔瓦尼·卡伯特，出生于热那亚。1490年左右，他定居于英格兰的布里斯托尔。听闻哥伦布发现新大陆后，他从亨利七世处争取到支持，向西进行远洋航行，以期找到通往亚洲的航线，获得中国、日本等地的财富（当时在欧洲，相传这两地盛产黄金、丝绸和香料）。1497年5月，卡博特乘载“马修”号，带领共有18名船员的船队出发。6月24日，船队到达一处陆地，卡博特称之为“新发现的领土”（现为加拿大纽芬兰的北部海角）。和哥伦布一样，卡博特误认为他已经到达了亚洲。他宣布此地归英王亨利七世所有，然后返航。回到英格兰后，国王给予他10英镑的奖励。随后他开始计划第二次航海探索，打

食物是定量供应的，因为不知道整个行程需要多长时间，也不知道恶劣的天气是否会减慢整个行程。

航海中的食物问题

在文艺复兴时期的探险航行中，如何维持水手的粮食供给是一大难题。由于整个行程时间的长短是个未知数，也不确定恶劣的天气将如何延缓整个行程，因此船上的食物一般定量供应。但长期饮食不足会导致营养不良，而缺乏维生素C也会引起坏血病，造成船员身体虚弱，牙齿松动，甚至死亡。选择何种食物也是一大问题。

家畜可以带上船，供途中宰杀，不过肉、鱼等食物必须经过熏制或腌制。当时的船一般用木头制成，在木船的甲板上生火做饭也很危险。另一个困扰是害虫，例如老鼠，它们偷吃粮食还留下粪便，或者是蛆和甲虫，它们都能污染食物。

船上常见的食物包括腌制的猪肉、鱼、硬面饼、硬奶酪、豆类、大蒜和蜂蜜。船员一般饮用桶装啤酒和葡萄酒，因为桶装的淡水会滋生藻类。

算经纽芬兰向西前往日本。卡博特第二次航行始于1498年5月，船队包括4—5艘船、300名船员，以及一年的给养。他们从此一去不返，有传言说他们在北美登陆，但遭遇不测，无法返航。另一种说法是他在返回英格兰后去世。不论如何，卡博特的航行激发了英格兰人对美洲长达一个世纪的探索。他的儿子塞巴斯蒂安（约1474—1557）也曾接受英格兰和西班牙的支持，数次出海探险。

新大陆得名美洲

新大陆以文艺复兴时期的探险家亚美利哥·维斯普西（约1454—1512）的名字命名，以彰显其在探索上的成就。他出生在佛罗伦萨，受雇于强大的美第奇家族，曾为哥伦布的第二、第三次航行打点船只。亚美利哥后也成长为一名出色的航海家，于1499年受命率领一支由四艘船组成的西班牙探险队，最终到达亚马孙河口。他也将此地当成了亚洲。次年亚美利哥回国，西班牙无意再支持他的下一次航海，但他获得了葡萄牙的资助。1501年5月13日至1502年7月22日，亚美利哥完成了他的第二次探险，主要探

下图：1499—1500年期间的航海家亚美利哥，他首先发现了亚马孙河河口。

索了巴西海岸，正是这次航海令亚美利哥确信，他到达的是“新大陆”，而不是亚洲。

1507年，德国地图制图师马丁·瓦尔德泽米勒出版了一本小册子，建议以亚美利哥的名字命名新大陆，“因为亚美利哥发现了新大陆……这就像是亚美利哥的土地”。同年，他和马提亚斯·林曼绘制出世界上第一张以亚美利哥之名称谓美洲的世界地图，这个名字当时只用以称呼南美洲，但很快也用以称呼北美洲。

“航海家”亨利王子

亨利（1394—1460）是葡萄牙王子，出生于波尔图，被封为维塞乌公爵。虽被冠以“航海家”的称号，实际上他的航海经历并不丰富，但他是早期葡萄牙航海探险运动主要的推动者和支持者。葡萄牙探险家穿越大西洋，沿非洲西北海岸航行，成为第一批到达佛得角半岛（现属于塞内加尔）的欧洲人。他们在亚速尔群岛和马德拉群岛均建立了殖民地。

亨利王子的目的是建立一条通往撒哈拉非洲的海上航线，运送黄金和奴隶。亨利笃信天主教，如能开辟这条航线，就可以避开穆斯林控制的海上贸易路线，从而避免宗教冲突。

达·伽马

瓦斯科·达·伽马（1460—1524）出生于葡萄牙的锡尼什，父亲是一位骑士，也是探险家。1497年，他接受葡萄牙国王的任命，带领一支远征队，寻找一条通往东方的水路。1497年7月8日，达·伽马这支拥有四艘船、170名船员的船队扬帆起航。11月22日，船队绕过非洲南部的好望角，之后达·伽马雇了一名阿拉伯航海家作为向导，抵达印度海岸。1498年5月，船队抵达卡利卡特（现印度南部喀拉拉邦的科泽科德），成为第一批绕过非洲到达印度的欧洲人。不幸的是，在归程中，约有一半的船员死于

左图：达·伽马的肖像画，由葡萄牙画家、插画家安东尼奥·曼努埃尔·达·丰塞卡于1838年绘制。

坏血病。当然，达·伽马只向国王上报了胜利返航的好消息，国王当即派遣达·伽马开展第二次航海探险。这一次他率领20艘战船，既展示了葡萄牙的实力，又可以据此在卡利卡特建立贸易据点。后来，当地人屠杀葡萄牙贸易商，达·伽马在1502年再次出航至印度，沿途还攻击了穆斯林的船只。他逼迫卡利卡特的统治者签订条约，然后在非洲东海岸（现莫桑比克）建立了贸易根据地。

回国后，国王任命达·伽马为印度事务顾问。1524年，他接受任命，担任葡萄牙驻印度总督，

上图：韦拉扎诺的肖像画，他首次对纽约附近海域进行了探索，纽约市的韦拉扎诺海峡大桥便以他的名字命名。

前往印度处理当地的腐败问题。他因在柯钦染上疟疾而病倒，于1524年12月24日去世。他的遗体于1539年运回葡萄牙安葬。

韦拉扎诺

乔瓦尼·达·韦拉扎诺（1485—1528）出生于托斯卡纳，在佛罗伦萨受过良好的教育，曾前往埃及和叙利亚，于1507年左右移居法国迪耶普，由此开始了他的航海生涯。他曾数次到达黎凡特（地中海东部沿海国家）。1523年，他获得法国国王弗朗西斯一世的支持，打算开辟一条通往中国的西方航线。次年1月，他带领一支50名船员的船队，乘“王妃”号启航，两个月后抵达恐怖角（现北卡罗来纳州），并沿着北美海岸向北航行。途中，韦拉扎诺绑架了一个当地男孩儿，后来把他带回法国展览。他发现了现在的纽约港和罗得岛州的纳拉甘西特湾。这次航行证实，北美东海岸线从佛罗里达一直延伸到加拿大的布雷顿角。他在纽芬兰停下探险的脚步，于1524年7月8日返回法国，将发现新世界的好消息带给了国王。

韦拉扎诺两度重返美洲。1527年，他带领一支船队前往巴西。次年，他和兄弟吉罗拉莫率领两三艘船进行香料交易。他们航行至佛罗里达和巴哈马，最后抵达加勒比海的小安的列斯群岛，在此登陆瓜德罗普岛，被食人族捕获，最终遭到杀害，成为食人族的盘中餐。

西班牙征服者

探索美洲、征服当地文明的西班牙侵略者被称为西班牙征服者。他们拥有原住民所不具备的铁甲、大炮和马匹，军事优势明显。这些侵略者中最著名的领导人有：埃尔南·科尔特斯（1485—

下图：1892年的石版画《科尔特斯进入墨西哥》，展现了1519年11月8日，科尔特斯和蒙特祖玛的第一次会面。

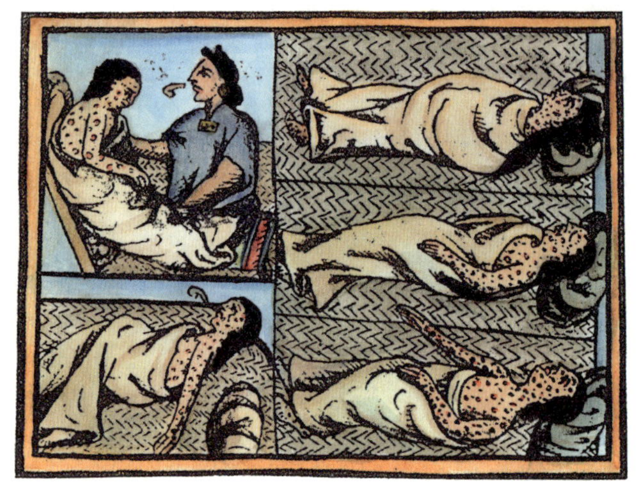

右图：16世纪的一幅插图，一位医师在治疗感染天花的原住民，这种病由西班牙人带至当地。

1547），他击败了墨西哥的阿兹特克人；弗朗西斯科·皮萨罗（约1475—1541），他征服了秘鲁的印加人；瓦斯科·努涅斯·德·巴尔博亚（1475—1519），他是第一个抵达太平洋的欧洲人，在巴拿马建立了第一个正式的殖民地；胡安·庞塞·德莱昂（约1460—1521），他是第一个踏足美洲大陆的欧洲人，佛罗里达即由他命名；埃尔南多·德·索托（约1496—1542），他是最早探索密西西比河以西的欧洲人。

征服者还给新大陆带来了疾病，最终死于疾病的原住民比死于战争的还要多。其中最致命的疾病是天花、麻疹、斑疹伤寒、白喉、腮腺炎和流感。这些流行病能迅速夺去人的性命。西班牙人进入阿兹特克首都四个月后，疾病就夺走了大约一半人口的生命。据估计，在欧洲人入侵美洲大陆一个世纪后，有2000万原住民死于疾病，占当地人口的95%。

1519年，科尔特斯率领一支舰队从古巴经尤卡坦半岛，浩浩荡荡地抵达墨西哥。阿兹特克人把他当作印第安神话中的羽蛇神。科尔特斯很快到达阿兹特克人的首都特诺奇提特兰，也就是今天的墨西哥城。阿兹特克皇帝蒙特祖玛（1466—1520）对科尔特斯一行人以礼相待，但1520年，科尔特斯却将他作为人质。据说蒙特祖玛在试图镇压叛乱时被自己的族人用石头砸死，但一些文献记载是科尔特斯谋杀了他。

皮萨罗对南美洲西海岸进行了探索。1532年，他带领人数远处于下风的一支小军团，使用诡计，征服了印加帝国。他劫持印加皇帝阿塔瓦尔帕（约1502—1533）作为人质，获得一大笔金银财宝的赎金后，又将皇帝杀害。第二年，他占领了印加帝国首都库斯科，大肆掠夺，1535年建立城市利马。

庞塞·德莱昂

胡安·庞塞·德莱昂（约1460—1521）出生在西班牙桑特尔瓦斯德坎波斯的一个贵族家庭，少年时成为一位骑士的贴身侍从，接受过军事训练。他在西班牙南部参加与摩尔人的战争，接着于1493年参与哥伦布前往新大陆的第二次航行，后决定定居海地，在当地结婚生子，共养育了四个孩子。他参与镇压当地原住民的叛乱，作为奖赏，被任命为海地东部的总督，享有土地和奴隶。庞塞·德莱昂还有更大的追求，他相信柏林克（即现在的波多黎各）存在黄金的传言，于1506年秘密前往该地，并发现了一些黄金。西班牙国王费迪南于是准许他在该岛进行探索。1508—1509年，他带领一支船队前往该岛，在当地建立了第一个殖民地卡帕拉。

庞塞·德莱昂听过很多传言，说比米尼岛（现为巴哈马的一部分）上有黄金，还有让人青春永驻的“青春泉”，于是他在1513年率领三艘船前去一探究竟。他先抵达一处陆地，以为这里便是比米尼岛，但这里太过广袤，到处都是茂盛的植物。他宣布此地归属西班牙，由于这里繁花似锦，色彩艳丽，庞塞·德莱昂将其命名为“佛罗里达”（意为“鲜花盛开的地方”）。他是在复活节期间发现此地的，所以这里在西班牙语中也被称为“Pascua Florida”（花的复活节）。他是第一个到达佛罗里达的欧洲人，登陆点在今天的圣奥古斯丁和墨尔本海滩之间的东海岸。庞塞·德莱昂并没有找到“青春泉”（找所谓的青春泉可能就是个幌子），还遭到一次原住民的攻击。于是他往回撤退，驶过佛罗里达群岛，沿半岛西南海岸航行，到达一处港口。西班牙人原先将这个港口称为卡洛斯，后来英国人改名为夏洛特。

庞塞·德莱昂于1514年离开新大陆，返回西班牙，获封爵位，并被任命为佛罗里达和比米尼的军事总督。1521年，他率领两艘船和200名船员，前往佛罗里达建立殖民地，在卡洛斯港附近登陆，受到当地原住民的攻击。庞塞·德莱昂被箭射中受伤，送到古巴的哈瓦那后，不治身亡。他先在哈瓦那下葬，后来重新安葬于波多黎各。

上图：1882年落成的庞塞·德莱昂雕像，放置在波多黎各的圣胡安市。雕像的材料来自1792年袭击当地的英国大炮。

德雷克

弗朗西斯·德雷克（约1540—1596）出生于英格兰德文郡的塔维斯托克，13岁便开始出海航行。

1560年，他参加了将奴隶运送到新大陆的航行，这支船队共有六艘船，船长是他的堂兄约翰·霍金斯。其中四艘船被西班牙舰队击沉，德雷克和霍金斯乘“朱迪思”号逃生。德雷克深受这次事件的刺激，终其一生，不断对西班牙进行打击报复。他在1570年和1571年两度航行至西印度群岛。1572年，他率领两艘船袭击了西班牙的加勒比港口。他远航至太平洋，占领巴拿马地峡的迪奥斯港，还突袭西班牙船只。将西班牙船上的金银财宝洗劫一空后，便回归故国，他私掠船船长的名声也由此传播开来。

1577年，女王伊丽莎白一世秘密委托德雷克率领一支远征队，沿着美洲太平洋海岸攻打西班牙殖民地。远征队共有五艘船。经过长途航行，11月15日，船队的船只几乎全部沉没，最后只剩下主船“鹈鹕”号，后改名为“金鹿”号。他成为第一

下图：大约在1581年，尼古拉·范·西佩制作了这幅世界地图，图中用虚线标出德雷克的环球航行路线。

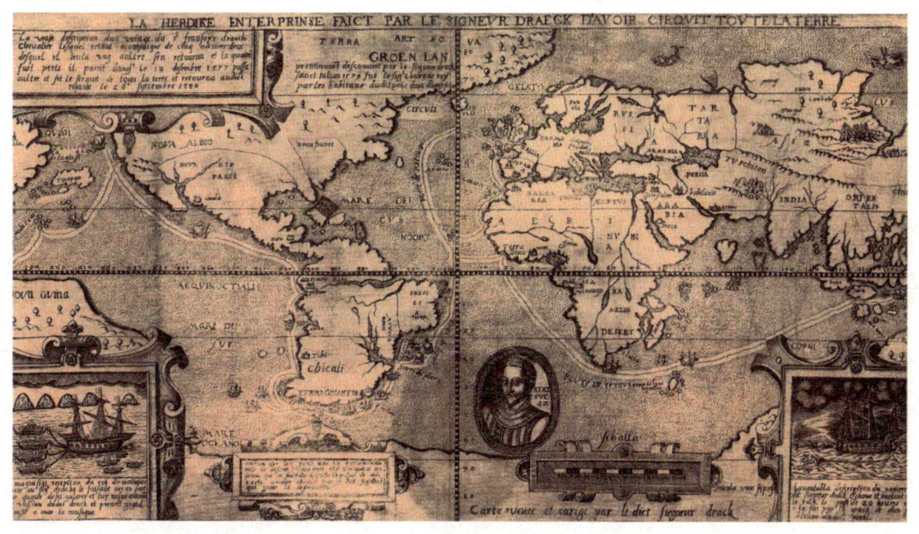

位穿越麦哲伦海峡的英国人，并于1578年10月驶入太平洋。他洗劫了西班牙在南美洲的港口，然后向北航行，寻求通往大西洋的航道。失败后，他转而向西航行，绕过好望角返航。1580年9月26日，德雷克满载西班牙的财宝和香料，回到英格兰，成为首位环游地球的英国人。伊丽莎白女王亲临“金鹿”号，授予德雷克爵士的称号。1581年，又任命他为普利茅斯市长。西班牙人则称他为“*El Draque*”（意为“龙”）。

德雷克继续掠夺西班牙的殖民地，1585年到达西印度群岛和佛罗里达海岸。他在卡罗来纳海岸附近的洛阿诺克岛召集殖民者，试图在美洲建立第一个英国殖民地，以失败告终。

1587年，德雷克驾船驶入卡迪兹港，摧毁了30艘准备入侵英国的船

“消失的殖民地”

1585年，英国在罗阿诺克岛上建立了第一个美洲殖民地，这里离当时的弗吉尼亚（此地现在属于北卡罗来纳州）不远。负责建立殖民地的是沃尔特·雷利爵士，他从伊丽莎白女王处获得建立殖民地所需要的土地。雷利后来将相关事宜交由他的堂兄弟理查德·格伦维尔爵士（1542—1591）负责，他本人则率领首批107名殖民者来到罗阿诺克岛，随后返回英国寻找补给。殖民者建立了堡垒，经常与当地原住民发生争斗。1585年，弗朗西斯·德雷克爵士到访，将殖民者带回了英国。1587年，英国人再度尝试在罗阿诺克建立殖民地，由约翰·怀特（？—约1593）带领115人来完成这件事。后来一些殖民者被当地原住民杀害，于是怀特返回英格兰寻找增援。由于当时英国与西班牙交战，怀特3年后才回到罗阿诺克，这时所有的殖民者都已无影无踪。怀特没有发现战斗的痕迹，遂认为他们已经搬至其他地方。这些殖民者从此音信全无，这个殖民地因此被称为“消失的殖民地”。

只。1588年，英国与西班牙展开海战，德雷克当时是英国舰队的副司令，指挥英国战舰摧毁了西班牙的无敌舰队，这很大程度上应当归功于德雷克的战术。他下令放火焚烧空船，然后将其驶进西班牙舰队中，引发西班牙战船的集体恐慌，以致一溃千里。这次胜利后，他和约翰·霍金斯再次启程前往西印度群岛，但这次航行以失败告终。一场热病席卷整个舰队。1596年1月28日，德雷克在巴拿马海岸附近死于痢疾。几个月前，他的堂兄霍金斯在波多黎各附近死于同样的疾病。德雷克身穿盔甲，躺在一口铅制的棺材中，永远沉睡在海底。

下图：1588年，西班牙无敌舰队的160艘战船，对抗英国的200艘战舰，双方展开了一场气势磅礴的海上争霸战。

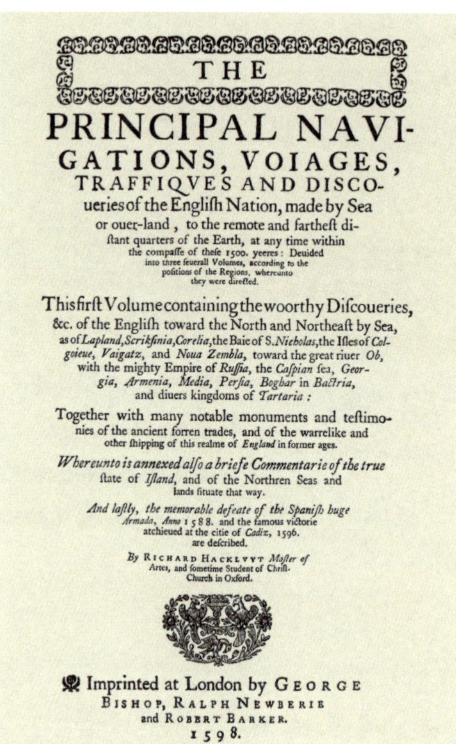

THE

PRINCIPAL NAVIGATIONS, VOIAGES, TRAFFIQVES AND DISCOueries of the English Nation, made by Sea or ouer-land, to the remote and farthest distant quarters of the Earth, at any time within the compasse of these 1500. yeeres: Deuided into three seuerall Volumes, according to the positions of the Regions, whereunto they were directed.

This first Volume containing the woorthy Discoueries, &c. of the English toward the North and Northeast by Sea, as of *Lapland, Scrikfinia, Corelia,* the Baie of S. *Nicholas,* the Isles of *Colgoieue, Vaigatz,* and *Noua Zembla,* toward the great riuer *Ob,* with the mighty Empire of *Russia,* the *Caspian* sea, *Georgia, Armenia, Media, Persia, Boghar* in *Bactria,* and diuers kingdoms of *Tartaria:*

Together with many notable monuments and testimonies of the ancient forren trades, and of the warrelike and other shipping of this realme of *England* in former ages.

Whereunto is annexed also a briefe Commentarie of the true state of *Island,* and of the Northren Seas and lands situate that way.

And lastly, the memorable defeate of the Spanish huge Armada, Anno 1588. and the famous victorie atchieued at the citie of *Cadiz,* 1596. are described.

By RICHARD HACKLVYT *Master of* Artes, and sometime Student of Christ-Church in Oxford.

Imprinted at London by GEORGE BISHOP, RALPH NEWBERIE and ROBERT BARKER. 1598.

上图：《有关发现美洲的几次航行》，哈克卢特的代表作，该书的目的是推动英国在美洲的殖民地事业。他曾打算远航至弗吉尼亚，但未成行。

理查德·哈克卢特

西班牙和葡萄牙瓜分新大陆之时，英国地理学家和作家理查德·哈克卢特（约1552—1616）正努力鼓动英国人前往海外建立殖民地。他出生于伦敦，先后在威斯敏斯特学院和牛津大学求学，广泛阅读有关航海和地理发现方面的图书。1577年毕业后，他留在牛津，开始对地理相关著作进行诠释和讲解。

1582年，哈克卢特发布《有关发现美洲的几次航行》一书。次年，他前往巴黎，担任英国驻法国大使的牧师。其间，他撰写了一篇关于西方地理发现的文章，推动了英国在美洲建立殖民地。1584年，他将文章呈献给伊丽莎白女王，同年还写信给女王的国务大臣，敦促英国立即前往美洲争取殖民地，以免机会“渐冷而落空”。

在法国生活近五年后，哈克卢特回到英国，于1589年发布他的代表作《英国主要航海、航行和地理发现》，1598—1600年间将其扩充至三卷。他继续呼吁在美洲建立殖民地，尤其是在弗吉尼亚。1603年，他当选为威斯敏斯特大主教，死后葬于伦敦的威斯敏斯特教堂。

沃尔特・雷利

沃尔特・雷利（约1552—1618）出生在英格兰德文郡海耶斯巴顿一个名门望族，肄业于牛津大学。17岁时，他前往法国参加宗教战争（胡格诺战争），返回英国后到伦敦学习法律。1578年，他和同父异母的兄弟汉弗里・吉尔伯特一起航行至美洲。两年后，他参与镇压了爱尔兰明斯特的一次起义，并成为伊丽莎白女王的宠儿。他在爱尔兰获得了大量的地产，并于1584年成为国会议员（在

左图：英国画家威廉・西格1598年的作品。沃尔特・雷利的肖像，他于1616年受封为爵士。

国会，雷利使得抽烟成为一种流行的消遣）。翌年，他出资在弗吉尼亚州建立罗阿诺克殖民地。当时的弗吉尼亚是北美东海岸的一个地区，覆盖当今弗吉尼亚州、西弗吉尼亚州以及南、北卡罗来纳州的部分地区，该殖民地位于现在的北卡罗来纳州。第一次殖民失败了，雷利在两年后曾试图重建，但也没有成功。1585年，他受封为爵士，1587年成为女王卫队队长。

1592年，女王发现雷利与她的一名侍女伊丽莎白·思洛克莫顿秘密结婚，并育有一子。女王妒火中烧，一怒之下把这一家人全部关进伦敦塔。雷利的孩子在狱中去世，他的妻子很快出狱。数月之后，雷利也获释，但被逐出宫廷，五年之内不得返回。他不断写诗奉承女王，最终赢回了她的欢心，后带领探险队寻找传说中的黄金之地埃尔多拉多，据说这个地方在圭亚那（位于现在的委内瑞拉）。不过，探险以失败告终。

1603年，伊丽莎白的继任者詹姆斯一世登基，不幸的是，他对这位无所顾忌的探险家看不大顺眼。就在这一年，詹姆斯一世指控雷利谋反，先是判处他死刑，后减为无期徒刑。雷利在伦敦塔里被关了13年，这期间他种植从海外带回的植物，熬制汤药，还撰写了专著《世界历史》的第一卷，于1614年出版。虽身陷囹圄，但他社会地位显赫，在伦敦塔内可以享有宽敞的房间，还可以接待访客。

雷利于1616年获释，国王命令他再次寻找黄金之地。出发前，詹姆斯一世警告他不要去攻击西班牙，因为当时法国才是让英国头疼的问题。但这次搜寻雷利不仅一无所获，还无视詹姆斯一世的警告，再度与西班牙交恶。国王只好将他送上断头台，于1618年10月29日将雷利斩首。

探险家的航船

文艺复兴时期常用的船只包括克拉维尔和卡拉克两种帆船。哥伦布的“平塔”号和“尼娜”号属于克拉维尔帆船，这种帆船比卡拉克帆船更小、更轻，有两到三根桅杆，吃水浅，非常适合未知水域的航行。克拉维

左图：“尼娜”号属于小型的卡拉维尔船。哥伦布曾说，这是他最喜欢的船，在他的三次航海中，都出现了“尼娜”号的身影。

尔船一般重50—160吨，船底呈圆形，以达到更快的速度。由于作案时要求船速够快，克拉维尔船尤其受海盗欢迎。

卡拉克帆船由西班牙人和葡萄牙人发明，有两到四个桅杆，船体更高，有些卡拉克船重达2000吨，能够容纳更多的货物和食物，但不易操纵。这种帆船在开阔的海域上稳定性好，这一点颇得探险家们的喜爱。麦哲伦的“维多利亚”号是世界上第一艘进行环球航行的船，它就是一艘卡拉克帆船。达·伽马在他抵达印度的历史性航行中，使用了三艘卡拉克船和一艘卡拉维尔船。哥伦布的“圣玛利亚”号和亨利八世的战舰“玛丽玫瑰”号也是卡拉克船。

三桅帆船是卡拉维尔和卡拉克两种船的结合，有两到三张帆。它的体积更小，需要的水手更少。英国的一艘三桅帆船“苏珊·康斯坦”号搭载一

右图：德雷克的环球航行船队共有五艘船，“金鹿”号是唯一完成环球壮举的，并于环球航行完成当年退役。

批殖民者，建立了英国在北美的第一个永久性殖民地詹姆斯镇，之后这艘船还负责给殖民地运送补给。

盖伦帆船主要用作战舰，舷侧装备一到两层火炮。盖伦船有三至四根桅杆，船头一般为喙状，它的横梁和肋板很窄，以加快船速。但由于尾甲板高，又装备重炮，盖伦船有些头重脚轻，增加了侧翻的危险。德雷克的“金鹿”号就是盖伦帆船。当时，西班牙人和葡萄牙人驾驶世界上最大的盖伦帆船，这些船主要用作贸易商船，以及将新大陆的财富运回母国。在伊丽莎白一世统治时期，英国人对盖伦船进行改良，使船速更快，更易于操控。

海盗和私掠团伙

文艺复兴时期的海盗活动更为频繁。欧洲的船只从大西洋彼岸的新大陆带回了各种金银财宝，但大西洋海域过于宽广，没有一个国家可以为本国的船只提供足够的保护；而且海盗袭击往往出其不意，抢完又迅速逃离，对于海船而言，也很难尽早察觉并加以防备。

当时存在一种得到认可、受人赞赏的海盗。一些船队和水手从政府处获得特许，在战争或两国海上争霸时，抢劫、摧毁敌对国家的船只，这些水手被称为“私掠者”。在伊丽莎白统治时期，英国和西班牙战争频发，西班牙船队在从墨西哥运回财宝途中，经常遭到英国私掠团伙的袭击。伊丽莎白一世甚至批准成立所谓的“海狗”私掠团队，为他们提供特许证，运用英国法律对其加以保护。通常情况下，私掠团队可以保留部分甚至全部抢劫来的财物。当找不到私掠的目标时，私掠团伙就变身海盗，掠夺遇到的任意船只。

> **当找不到私掠的目标时，私掠团伙就变身海盗，掠夺遇到的所有船只。**

著名的私掠头目有英国的弗朗西斯·德雷克以及马丁·弗罗比舍。后者在16世纪60年代曾多次因海盗行为被捕，但他获得了伊丽莎白的认可，在与西班牙无敌舰队的海战中，受命指挥一个中队，最终授封爵士。亨利·迈恩瓦林本来就是海盗，后来才变为私掠团伙的头目，他官至英国海军上将，也授封为爵士。

弗罗比舍

马丁·弗罗比舍（约1535—1594）出生于英国约克郡，他十几岁时就参与航海，1553年和1554年两次远航至非洲的几内亚海岸。在后一次航海中，他被当地一名酋长扣下，做了数月的人质。16世纪60年代，他在英吉利海峡抢劫法国船只，因海盗行为至少被逮捕三次，但未受到审讯就获释，可能因为他将抢劫来的战利品上交伊丽莎白女王。1576年6月7日，女王令他带领一支三艘船的船队，横渡大西洋，寻找一条通往太平洋的西北航道。在格陵兰岛附近的一场大风暴中，船队中的一艘船失踪，另一艘船

上图：17世纪复制的弗罗比舍的肖像画，原作由佛兰德斯地区的艺术家希罗尼莫·卡斯特迪斯绘制，大约在1590年完成。

上图：1577年弗罗比舍的手下与因纽特人之间的一场冲突，图画由随舰队远航的英国艺术家约翰·怀特创作。

返回英国。弗罗比舍并没有找到计划中的航道，但那一年，他发现了现在加拿大的拉布拉多岛和巴芬岛，弗罗比舍用自己的名字命名岛上的海湾。

回国后，弗罗比舍给女王进贡了一位他俘获的原住民，还暗示发现了金矿，因而获得女王批准，继续远航。1577年，他带领了三艘船大约120名船员出发寻找黄金；1578年，他带领15艘船再次出发寻找黄金和航道，并试图建立殖民地。但这两次探险都没有成功。在后一次的探险中，他沿着连接哈得孙湾和拉布拉多海的哈得孙海峡往北航行，然后返回巴芬岛湾，尝试在此建立殖民地。由于运送木材的船沉没了，建立殖民地的计划最终搁浅。后来他搜寻黄金和白银的探险也都无果而终，王室也停止了对他远航探险的资助。

1585年，弗罗比舍担任弗朗西斯·德雷克爵士船队的副指挥官，两人一同率领25艘船前往西印度群岛。船队摧毁了西班牙在当地的殖民地，收获了一笔价值巨大的战利品，总计达6万英镑。1588年，这两个前海盗头子联手打败了西班牙无敌舰队，弗罗比舍因此获封爵士。战斗结束后，他批评德雷克靠近一艘被击中的敌舰，对它进行抢劫。次年，弗罗比舍和德雷克继续袭击西班牙船只。三年后，弗罗比舍加入伊丽莎白的军队，前往法国协助抵抗西班牙的进攻。在攻占法国西北海岸城市克罗宗的一处要塞时，弗罗比舍受到致命伤害。

下图：迈克尔·库珀创作的格蕾丝·奥马利雕像，2003年在爱尔兰梅奥郡韦斯特波特镇的韦斯特波特庄园内落成。

“海盗女王”

格蕾丝（格兰尼）·奥马利（约1530—1603）出生于爱尔兰梅奥郡韦斯特波特镇附近，父亲是一个航海家族的首领。15岁时，她与另一个家族首领的儿子结婚，并育有三个孩子。她的丈夫在一次战斗中被杀，于是她继承了丈夫的战舰，并逐渐聚集了一批追随者。不久，她改嫁人称“铁迪克”的理查德·伯克，他是梅奥郡纽波特附近洛克菲特城堡的主人。格蕾丝个性与众不同。一年后，两人离婚，据说格蕾丝倚着窗户大喊：“理查德·伯克，你可以走了！”他们育有一子，离婚后两个人依然保持朋友的关系。

格蕾丝手下有四艘船，由此涉足海盗事业，渐渐以“海盗女王”的绰号闻名。她以无所畏惧、冷酷无情著称。据说有一次，她的船队遭遇了阿尔及利亚海盗，当时她的儿子刚出生不久，海盗已登上了她的船只。她只用毯子将自己裹起来，就召集船员抵抗，最终俘获了阿尔及利亚海盗船。她丈夫死后，新的英国总督对她的家人进行迫害。她的两个儿子和一个同父异母的兄弟都被捕入狱。格蕾丝乘船经泰晤士河来到英格兰，请求觐见伊丽莎白女王。获准后，她以非女王臣民为由，拒绝向伊丽莎白鞠躬行礼。两人用拉丁语交谈，最后女王撤销了对格蕾丝亲人的刑罚，将他们释放，而格蕾丝则保证不再抢劫英国船只。格蕾丝后来在洛克菲特城堡内去世，安葬在梅奥郡克莱尔岛的西多会修道院中。

罪恶的奴隶贸易

在文艺复兴时期重现的经典著作中，奴隶制是一种合理的制度。亚里士多德认为“主人—奴隶”这种关系合乎自然；托马斯·阿奎那（他后来成为天主教圣人）主张，奴隶是主人的一种工具，奴隶的子女和财产皆属于主人。受到这些观点的影响，文艺复兴时期的欧洲人将许多地方的非基督徒原住民当作奴隶，对他们进行剥削。1347—1348年瘟疫中，佛罗伦萨和其他城市的家庭也开始使用奴隶。威尼斯人和热那亚人从克里米亚进口奴隶（统称为鞑靼人）。天主教会认为没有必要干涉这种做法。1488年，阿拉贡的西班牙统治者费迪南德二世将100名摩尔奴隶赠送给了教皇英诺森八世，教皇又将这些奴隶分送给他的主教和朋友们。

随着欧洲国家逐渐称霸大西洋，大批非洲奴隶出现在欧洲。贩运非洲奴隶从1501年一直持续至1866年，被贩卖的非洲黑人超过1200万，约有200万人在途中死亡。西班牙和葡萄牙最先进行奴隶贸易。早在1501年，西班牙

上图：佛兰德斯雕刻师特奥多雷·德·布里于1595年创作的一幅作品，描绘了非洲奴隶在海地加工甘蔗的情景。

就将奴隶送至其在海地的种植园工作；而葡萄牙则在1545年前后，运送奴隶到其巴西的甘蔗种植园。

英格兰很快就在奴隶贸易中占据了主导地位，满足了西印度和北美种植园对奴隶日益增长的需求。他们通常在西非海岸俘获或收购当地黑人，然后将他们运送到大西洋彼岸。著名的奴隶贩子有弗朗西斯·德雷克和他的堂兄弟约翰·霍金斯。1562年，霍金斯成为首个到非洲进行贩奴的英国人，后来他又进行了两次同样的贸易。他共抓捕了1.2万名非洲人，将他们卖给美洲的西班牙殖民地。

两次为奴

1518年，西班牙国王查理一世批准运送奴隶的船只可从非洲直接航行至西班牙属地，不必像原先那样，先将奴隶运送至欧洲港口。罗德里戈·洛佩斯是葡萄牙在非洲的殖民地佛得角群岛的一名奴隶，其主人去世时，在遗嘱中称洛佩斯可获得自由身。

重获自由后的洛佩斯却又在1526年的一个晚上，遭到他前主人一名雇员的绑架，被迫登上开往西班牙殖民地海地的船只，再次沦为奴隶。洛佩斯为人聪明，会读写拉丁语。他提出正式抗议，认为自己已获得自由，再度被卖为奴属于非法行为。他最终在16世纪30年代初重获自由。

第 5 章

文学与音乐

文艺复兴对文学的影响始于14世纪，以伟大的作家但丁为先驱，莎士比亚、塞万提斯和弥尔顿等作家则将这股影响力一直延续至17世纪。文艺复兴也推动了音乐上的创新，这个时期孕育了蒙特威尔第和托马斯·塔利斯等伟大作曲家。

前页图：比利时安特卫普一个工作室创作的肖像画，时间在1500—1540年之间，画中有三位年轻的音乐家。

文艺复兴早期的文学使用拉丁语进行创作，这限制了作者的表达形式和表达自由。通俗文学的产生使文学语言呈现出大众熟悉的风格，吸引了更多的读者。意大利诗人、作家和哲学家但丁·阿利吉耶里是最早倡导使用母语代替拉丁语进行创作的作家之一。他先在《论俗语》（约1340—1307）中提倡在创作中使用“动人的新风格”，后在其代表作《神曲》中使用托斯卡纳方言。人文主义学者彼特拉克最初使用拉丁语创作诗歌，后来熟悉了俗语的表达方式后，开始用俗语创作。他的《雾凇稀疏》就是一部意大利语作品。他虽声称俗语的表达方式过于零碎，他不喜欢，但还是细心地对它们进行收

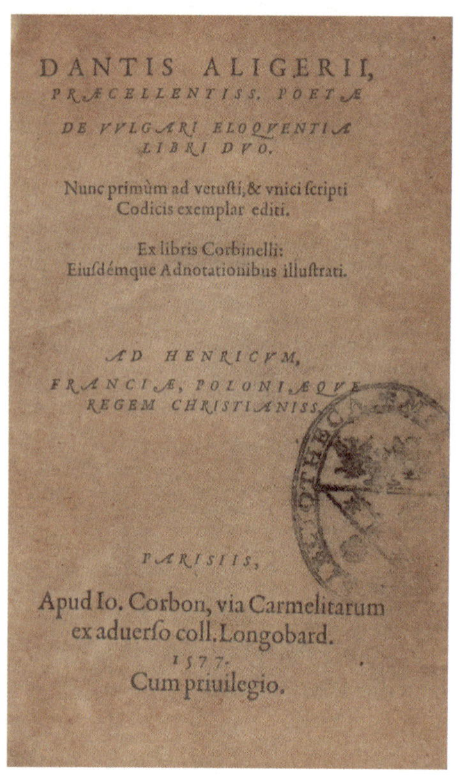
DANTIS ALIGERII,
PRÆCELLENTISS. POETÆ
DE VVLGARI ELOQVENTIA
LIBRI DVO.

Nunc primùm ad vetusti, & vnici scripti
Codicis exemplar editi.

Ex libris Corbinelli:
Eiusdémque Adnotationibus illustrati.

AD HENRICVM,
FRANCIÆ, POLONIÆQVE
REGEM CHRISTIANISS.

PARISIIS,
Apud Io. Corbon, via Carmelitarum
ex aduerso coll. Longobard.
1577.
Cum priuilegio.

上图：但丁在1304—1307年间撰写的《论俗语》，指出俗语是一种比拉丁语更“高贵”的语言。

集。薄伽丘倒是一位喜欢使用俗语创作的作家，他的杰作《十日谈》就是使用俗语。英国作家在14世纪就开始使用俗语创作，他们成为文学的开拓者，其中的代表人物是机智诙谐的杰弗里·乔叟。他受到彼特拉克和薄伽丘的影响，他的《坎特伯雷故事集》被认为是有史以来最伟大的叙事诗之一。使用俗语创作的优秀英国诗人还有威廉·兰格伦（约1300—1400），他的作品《农夫皮尔斯》通过描述梦中的景象，揭露了教会和世俗社会的腐败；还有约翰·高尔，他的诗歌《一个情人的忏悔》为读者讲述了爱情战胜罪恶的故事。

上述用自己母语进行创作的作家给其他欧洲国家的同行带来了深远的影响。塞巴斯蒂安·布兰特写出了讽刺诗《愚人船》，成为15世纪德国最受欢迎的作品。法国抒情诗人弗朗索瓦·维庸在当时也深受读者喜爱，他最著名的作品是《小遗言集》，另外还有篇幅更长的《大遗言集》。

彼特拉克

彼特拉克被称为“第一位现代人”，他曾说过：“我不是任何地方的公民，在任何地方我都是陌生人。”彼特拉克全名为弗朗切斯科·彼特拉克，出生于佛罗伦萨南部的阿雷佐市，父亲是一名商人和公证人。1316年，按父亲的要求，他在法国蒙彼利埃学习法律。1326年，他的父亲去世后，他放弃攻读法律，说：“我不能把我的头脑当成一件商品。”后来他进入教会，担任神职工作，这使得他有时间用拉丁语和意大利语写诗，以及周游欧洲，探寻并翻译古典罗马文学作品。1327年4月6日，在法国阿维尼翁，他迷上了一个名叫劳拉的女子，在余生始终对她保持一种遥远的思念。他有366首诗歌作品收录在《雾凇稀疏》中，绝大多

下图：1327—1368年，彼特拉克间用俗语创作的诗集《雾凇稀疏》，也叫《歌本》。

上图：彼特拉克《凯旋诗》中的插图，诗作共有六个主题。图中展示了人类面对天堂的情景，意在说明“时间战胜了名望”。

数以劳拉为灵感源泉，包括317首十四行诗。这种诗体经过彼特拉克的丰富和发展，风行一时。当然，在彼特拉克心目中，十四行诗只是“小玩意儿”，他更喜欢自己的拉丁语史诗作品《阿非利加》，但这首诗在读者群中不如其他作品受欢迎。

彼特拉克在佛罗伦萨与诗人薄伽丘相遇，随后两人书信往来不断，逐渐形成了他们的人文主义思想。1341年4月8日，彼特拉克在罗马被加冕为桂冠诗人，他关于文艺复兴的思想广泛传播开来。在授封仪式的致辞中，他颂扬了古典文化，说道：“曾有一个时代，一个令诗人幸福快乐的时代，一个诗人备受推崇的时代，先是在希腊，然后在意大利，尤其是屋大维·奥古斯都统治帝国时期，涌现了一批灿若星辰的杰出诗人，维吉尔、瓦留斯、奥维德、贺拉斯等。”

1351—1374年，彼特拉克创作了《凯旋诗》，将古典和通俗两种语言风格融合起来。在诗中，彼特拉克通过梦境展现了人间种种生活场景，对爱、贞洁、死亡、名誉、时间和永恒的胜利进行审视和思考。彼特拉克最终定居于帕多瓦，其家中藏书量惊人。彼特拉克对英语诗歌的影响始于乔叟。乔叟不仅翻译了彼特拉克的作品，他自己的一些作品中也有与彼特拉克相似的主题和思想。

薄伽丘

乔万尼·薄伽丘出生地不详，可能在佛罗伦萨，也可能在佛罗伦萨附近的切塔尔多村。他的父亲是一位商人，并不赞成薄伽丘从事写作。1328年左右，他把薄伽丘送去那不勒斯学习经商。在此期间，薄伽丘创作了几首诗，其中有史诗作品《苔塞伊达》，描写两个朋友爱上同一位女子。1340年，他定居佛罗伦萨。大约在1348—1353年，专注于《十日谈》的创作。这部名著的主要内容是10个年轻人为躲避瘟疫，跑到佛罗伦萨一个舒适的乡村别墅里，商定每日讲故事消遣。他们一人确定一天的主题，每人按照主题各讲一个故事。10人在10天里，共讲了100个故事。这些故事或以风趣诙谐的笔触描写了当时人们对情欲的追求，或讲述各种爱情悲剧，林林总总，不一而足。这部作品对文艺复兴时期的作家产生了极大的影响，作品中的故事在文学世界中被广泛引用或改写。

薄伽丘是对英国作家乔叟影响最大的诗人，乔叟从薄伽丘的作品中获得了无尽的灵感，他模仿其风格，将古典形式和通俗语言结合起来。他的《特洛伊罗斯与克丽西达》取材于薄伽丘的《菲洛斯特拉托》，《坎特伯雷故事集》中的骑士故事则取材于《苔塞伊达》。

下图：薄伽丘的《十日谈》非常受欢迎，将俗语写作提高到古典文学的高度。这是一幅1833年的薄伽丘肖像版画。

1350年，薄伽丘在佛罗伦萨遇到了彼特拉克，两人很快就建立了友谊。年长的彼特拉克成为薄伽丘的导师，他们共同确立了人文主义思想，促进了文艺复兴的发生。此后，薄伽丘在创作中不再使用通俗语言，转而使用拉丁语，并专注于人文主义研究，在1360—1374年间撰写了一系列女性传记。1360年，教皇英诺森六世任命薄伽丘为神父，当时彼特拉克担任教会的大使。

历代名媛

上图：15世纪的一幅小型画作，表现了薄伽丘著名女性传记中的形象。

《十日谈》获得了成功，加上受到彼特拉克人文主义思想的影响，薄伽丘开始用拉丁文编纂百科全书式的作品。其中最著名的是《名媛列传》，这是受彼特拉克《名人列传》（历史上著名男性的传记）的启发所形成的作品，是历史上第一部女性传记。这部作品中涵盖了106位著名女性历史人物的生平，包括一些神话人物。作品从现实主义的角度描写人物，这深刻影响了乔叟在《坎特伯雷故事集》中对人物角色的刻画。

这部作品中薄伽丘选择的女性有“我们的第一个母亲”夏娃、尤利乌斯·恺撒的女儿茱莉亚、埃及女王克莉奥帕特拉、《荷马史诗》主人公尤利西斯的妻子佩内洛普、维斯塔贞女克劳迪娅、马其顿女王奥林匹亚斯等。薄伽丘认为，之所以颂扬这些女子，是因为女性有着天生的弱点，但书中这些女子都超越了这些局限。薄伽丘在余生中不断修改扩充这本书的内容。

1373年，薄伽丘经济陷入困顿，身体状况恶化。薄伽丘毕生对但丁保持着崇高的敬仰，曾在作品中表达对他的赞赏，在佛罗伦萨对他的《神曲》进行诠释和讲解。薄伽丘在切塔尔多村度过晚年，1375年，在这里去世。

约翰·高尔

高尔（约1330—1408）早年生活不详，他可能出生在英格兰肯特郡一个富裕家庭，在伦敦从事法律工作，并在那里结交贵族和文人阶层。他和乔叟成为朋友，在乔叟出使意大利时，担任他的律师。两人互相欣赏，互相提携。乔叟将《特洛伊罗斯与克丽西达》献给了他眼中"品行高尚的高尔"，高尔则在《一个情人的忏悔》中，通过维纳斯之口，赞美乔叟。

1398年，高尔住进了圣玛丽奥维里修道院（现在的萨瑟克大教堂）；1400年左右，他双目失明，自称"又老又瞎"。他去世后被安葬在该修道院内。

高尔用法语、拉丁语和英语进行创作。他的英文诗歌《赞美和平》，恳请国王避免战争。其代表作《一个情人的忏悔》用中古英语创作，是国王理查德二世委托的作品。大约在1385年，高尔在泰晤士河上遇见国王，受其邀请登上御船，两人相谈甚欢，高尔因此获得了这次委托，于次年动笔。作品在1390年出版，轰动一时。高尔将其献给理查德二世，以及乔叟。这部作品之后进行了几次修订，其中一次在1392年，原来的致辞改为献给未来的国王亨利四世——兰开斯特的亨利。不过，并不能据此推测高

下图：高尔在世时，他的声望和影响力与朋友乔叟不相上下，但乔叟的诗歌更有活力。

尔与理查德二世或乔叟反目。

《一个情人的忏悔》中，阿曼斯（即诗中的情人）对维纳斯的神父居尼亚斯忏悔，神父便讲述有关七宗罪的故事。其内容涉及奥维德的作品、《圣经》和乔叟的《坎特伯雷故事集》中出现的一些家喻户晓的故事，高尔在这部作品中对它们进行了改写。最后，阿曼斯得到赦免，而促使他去忏悔的相思之苦，也被维纳斯解除。

杰弗里·乔叟

乔叟（约1343—1400）大概出生在伦敦，他的父亲是个成功的酒商。1357年，他成为阿尔斯特伯爵夫人伊丽莎白的侍从。两年后，他参加了英国到布列塔尼的远征军，结果被法国人俘虏。1360年，英王爱德华三世支付了16英镑的赎金，救回乔叟，之后派遣他出使法国、热那亚和佛罗伦萨等地，在这些地方乔叟了解到但丁、彼特拉克和薄伽丘等人的作品。

1366年左右，乔叟与菲利帕·罗伊特结婚，她是女王的一位侍女，也是当时势力强大的兰开斯特公爵冈特的约翰的一位姻亲。1374年，乔叟担任伦敦港羊毛运输码头的关税管理官员。在任12年，其间创作了一系列作品，包括《特洛伊罗斯与克丽西达》，讲述了特洛伊战争时期的一个爱情故事。

1386年，乔叟成为肯特郡议会的议员，同时担任治安法官。1389年，他成为皇家工程处的事务官，负责维修和保养皇家建筑，如伦敦塔和威斯敏斯特宫等。

1386年，乔叟成为肯特郡议会的议员，同时担任治安法官。

《公爵夫人之书》是乔叟早期的作品，写于1369年，当时刚特的约翰第一任妻子死于瘟疫，乔叟希望这部作品可以缓解他的丧妻之痛。《百鸟之会》是一首梦幻诗，以幽默的口吻讲述对各种爱的思考。应理查德二世的王后波希米亚的安妮的要求，乔叟创作了《贤妇传奇》。他也撰写哲学和科学

上图：埃尔斯米尔的《坎特伯雷故事集》手稿，创作于1400—1410年。这份手稿中有色彩鲜艳的插图，图中骑马的正是乔叟。

磨坊主

乔叟的《坎特伯雷故事集》中，对人物的刻画和故事情节的叙述，清楚地表明他对每一位朝圣者都有非常敏锐深刻的理解。这些朝圣者并非形象单一、脸谱式的人物，而是血肉丰满、充满生气的个体。当中磨坊主的形象尤其令人难忘。这个人物外形矮壮，得过摔跤比赛冠军，鲁莽好斗，甚至用头撞门。他没受过教育，满嘴脏话，举止粗鲁，总喜欢讲些上不了台面的下流故事。但是他也有自己的优点。他风趣幽默，热衷和人聊天，热爱诗歌，甚至以人的罪行为主题进行诗歌创作。和其他朝圣者一样，乔叟描述了他的优缺点，创造出一个让读者熟悉并认同的角色。

右图：《坎特伯雷故事集》早期版本中的磨坊主形象，木刻版画的插图，忘了描绘他脸上的肉赘和胡子。

方面的著作，曾创作了一篇关于如何使用星盘计算纬度的文章。

1387年，他开始创作代表作《坎特伯雷故事集》，故事的主要内容是一支有31名来自各阶层的朝圣者的队伍，骑马前往坎特伯雷，途中彼此吵闹不停，为消磨时间相约讲故事，比赛谁讲得最好。有些故事充满幽默感，有些则是让人落泪的悲剧。作品刻画了形形色色的人物角色，有满嘴脏话的磨坊主、无忧无虑的巴斯夫人、品行端正的骑士，还有学识渊博的学者，等等。乔叟依然使用中古英语创作，但他运用了多种文学体裁，使得人物之间的对话轻松自然。不过这部著作直到乔叟去世也未完成。

维庸

1431年，弗朗索瓦·维庸出生于巴黎，原名弗朗索瓦·蒙特可比尔。他父亲去世后，一位教士成为他的监护人和教师，后来他就改为教士的姓氏维庸。维庸就读于巴黎大学，1449年获得学士学位，三年后获得硕士学位。1455年，他在一场激烈的争论中，用剑杀死一位神父，被驱逐出巴黎。由于神父临死前原谅了他，他在1456年获得大赦。但那年年底，他又卷入一起纳瓦拉学院的盗窃案，并再度逃离巴黎。

之后，维庸创作了一首诗，他取名为《遗言》，出版时编辑将标题改为《小遗言集》。诗作描述了维庸在想象中，如何将自己的遗产分配给他尚在巴黎的亲朋故交，有些分配颇具讽刺意味，比如他将一缕头发留给自己的理发师。这首诗是他最为成功的作品。

随后几年，维庸四处漂泊，又两度入狱，均在大赦时获释。获得自由后，

下图：表现维庸形象的木刻版画，1489年创作于巴黎。他一生犯案无数，生活放荡不羁，为他的诗歌创作提供了丰富的素材。

他创作了自己篇幅最长的诗作《自白》，后人多称之为《大遗言集》，但这并不是他最受欢迎的作品。《大遗言集》中，维庸充满悔恨地回顾了自己虚度的那些光阴，称那些收到自己遗产的人都变成了浪荡子。这部作品以及他的一些短篇诗歌反映了文艺复兴时期作家对严酷现实生活的关注。维庸的诗作以抒情诗为主，但字里行间也对一些底层人民的形象，如酒鬼、妓女等进行描写，并对他们寄以同情。

在生命的最后几年里，维庸多次被捕。1462年他因抢劫入狱，次年因街头斗殴犯案。这之后，他被判处绞刑。在等待死刑执行的时间里，他写下了《绞刑犯之歌》，诗中描述了维庸和他的几个朋友被处以绞刑后，他们的尸体如何悬吊在那里，以及尸体腐烂时的种种血腥细节。不过，他在1463年1月向法国议会上诉后，死刑被改判为流放十年，他离开了巴黎，从此杳无音信。

塞巴斯蒂安·布兰特

塞巴斯蒂安·布兰特（1457—1521）出生在法国的斯特拉斯堡，父亲经营一家旅馆。他在巴塞尔大学学习哲学和法律，1477年获得学士学位，1489年获得法律博士学位。在此期间，他对人文主义产生了兴趣。1484—1500年，他一边在巴塞尔大学教授法律，一边从事律师工作。大约在1486年，他开始教授文学。他于1485年结婚，育有七个孩子。1501年回到斯特拉斯堡，1503年被任命为市秘书官。神圣罗马帝国皇帝马克西米利安一世任命他为帝国顾问和王权伯爵（一种高级职位）。

布兰特因拉丁语和德语诗歌而闻名。1490年，他写了一本非常受欢迎的法律教科书——《论述》。他最成功的作品是1494年的长篇德语诗作《愚人船》，人们认为这首诗预示了宗教改革，身为天主教徒的布兰特声称对此并不在意。《愚人船》讲述了一个辛辣的讽刺故事，110位愚人搭乘一艘由愚人驾驶的船，驶向愚人天堂纳拉戈尼亚。这些愚人来自社会各

上图：布兰特最著名的诗作《愚人船》1498年的一个版本，由瑞士巴塞尔的约翰·伯格曼出版，这幅木刻版画是书中的一幅插图。

个阶层，包括行为不端的神职人员、好色的教士、受贿的法官、赌徒、通奸的人、酒鬼、罪犯，以及爱管闲事的人，等等。布兰特是一位坚定的人文主义者，在这首诗中，他称赞人的知识为所有智慧之最。诗作每一章都有一幅木刻版画插图，许多都是丢勒的作品。这部作品非常受欢迎，畅销多个国家，1497年被翻译成拉丁文，1497年和1498年翻译成法文，1509年、1517年和1570年出现英文译本，之后荷兰语译本以及其他语言译本也相继问世。

下图：1590年出版的埃德蒙·斯宾塞长诗的封面，带有配图。1596年再版，内容有扩充。

伊丽莎白一世和詹姆斯一世时期的戏剧

随着文艺复兴在文学领域的发展，在英国出现了一个文学高潮——伊丽莎白时代，这一时期涌现出一批堪称世界上最伟大的作家。当中最杰出的当属威廉·莎士比亚，他的戏剧作品极具洞察力和想象力，体裁涉及喜剧、历史剧和悲剧。最著名的作品有《哈姆雷特》《李尔王》《麦克白》《罗密欧与朱丽叶》《奥赛罗》和《仲夏夜之梦》等。

THE FAERIE QVEENE.

Difpofed into twelue books, Fafhioning XII. Morall vertues.

LONDON
Printed for William Ponfonbie.
1590.

伊丽莎白时代其他著名的作家还有：克里斯托弗·马洛，他在《帖木儿大帝》和《浮士德博士悲剧》等作品中创造了无韵诗体；埃德蒙·斯宾塞（约1552—1599），他创作了伟大的诗歌《仙后》，以骑士冒险为主题，共有六卷；菲利普·西德尼爵士（1554—1586），他写了许多著名的十四行诗和《诗辩》一文，《诗辩》介绍了如何对文学进行批评分析，赞美文学可起到良师的作用。

伊丽莎白的继任者詹姆斯一世统治英国期间（1603—1625），观众对戏剧提出了新的要求，期望在作品中看到更深入的对社会现实的展现。为满足观众的期待，剧作家们在作品中表现了道德的败坏，着眼于刻画人性欲望中阴暗的一面，如人类的野心和私欲。戏剧作品中增加了许多暴力和情欲的内容。莎士比亚塑造出多个颇具个性的恶棍形象，如《奥赛罗》中心理扭曲的伊阿古，他最终导致奥赛罗杀死了苔丝狄蒙娜。约翰·韦伯斯特（约1580—1632）在《白魔》和《马尔菲公爵夫人》中，对出于个人野心而诉诸暴力的行为进行了深刻的描写。西里尔·都纳尔（约1575—1626）的《无神论者的悲剧》和《诚实人的复仇》则以个人复仇为主题。此外，本·琼森则通过喜剧作品，使观众获得情感上的释放，如广受欢迎的剧作《人人高兴》等。

马洛

克里斯托弗·马洛（1564—1593）是伊丽莎白时代戏剧的开拓者（尽管他只写了四部重要的戏剧），他出生于坎特伯雷，父亲是一个富裕的制鞋匠。他的绰号是“基特马洛”，曾就读于国王公学，后获得剑桥大学圣体学院的奖学金，于1584年获得了文学学士学位。虽然不经常在校，他仍然在1587年获得了硕士学位，这种情况一般需要得到女王枢密院的批准。据说马洛一直在进行“与国家利益相关的事情”，这表明他可能是国家情报部门的密探。

马洛的作品以悲剧为主，他是第一个展示无韵诗魅力的英国剧作家。1587年，他发表了第一部戏剧——也是第一部无韵诗——《帖木儿大

上图：1585年的一幅肖像画，据说画中人物就是马洛。1952年，这幅画发现于剑桥大学圣体学院。

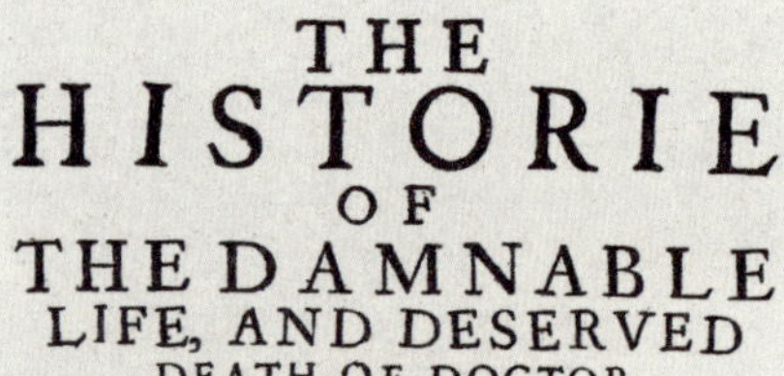

THE
HISTORIE
OF
THE DAMNABLE
LIFE, AND DESERVED
DEATH OF DOCTOR
IOHN FAVSTVS.

Newly printed, and in conuenient places, imperfect
matter amended: according to the true Copie printed
at *Frankfort*; and translated into English,
By *P. R.* Gent.

上图：16世纪80年代，出现有关约翰·浮士德博士的出版物，他是一位德国的炼金术士、占星家及魔术师，马洛在他的戏剧中曾使用这一人物作为素材。

帝》，赢得了很高的赞誉。剧作刻画了一个手握强权、残酷无情的悲剧性英雄形象，他最终被致命的疾病击倒。1590年左右，马洛在著名的《马耳他岛的犹太人》中塑造了富有的犹太商人巴拉巴斯，一位渴望权力的英雄形象。1592年，马洛写出了道德剧《浮士德博士的悲剧》，这是他最著名的戏剧作品。在剧中，医生将灵魂卖给魔鬼以获取知识和权力。他创作于1593年的作品《巴黎大屠杀》，取材自1572年的真实事件，巴黎天主教徒对新教徒胡格诺派的屠杀。

1593年，马洛的一位前室友托马斯·基德因在伦敦散布“淫荡的，以及反动的谎言”而被捕。搜查他的房间时，发现了一份否认耶稣基督神性的文件。严刑拷打之下，基德招供文件属于马洛。接着，马洛受到传讯，要到枢密院去接受调查。5月30日，调查还没开始，他在伦敦东南部德普特福德的一家酒馆里与四名男子发生争执，据说是为了一张账单。他被一个名叫英格拉姆·弗里泽的男子刺伤了眼睛，因伤势过重，不治身亡。马洛被安葬在德普特福德圣尼古拉斯教堂的墓地里，连墓碑都没有。有传言马洛的死亡涉及阴谋，认为他是被枢密院的某些官员谋杀的。马洛私底下是一名无神论者，他可能发现枢密院有四名官员也是无神论者。无神论者在当时属于异端，事情一旦暴露，这几位官员就可能面临处决。

威廉·莎士比亚

莎士比亚出生于沃里克郡埃文河畔斯特拉特福，他的父亲是一个富有的商人，贩卖手套、皮革制品以及羊毛，家中有八个孩子，他是老大。他在当地的学校上学，学习拉丁语和希腊语，阅读古典文学作品，这些文学作品后来成为他创作戏剧情节和人物形象的灵感来源。十四五岁的时候，莎士比亚中断了学业。1582年，18岁的莎士比亚与26岁的安妮·海瑟薇结婚，他们育有三个孩子。人们对他在1585—1592年的活动知之甚少，因此1592年他住在伦敦之前的那段时间，人们称之为“消失的岁月”。

下图：莎士比亚肖像画，据说是莎士比亚在世时唯一的一幅肖像。这幅画在科布家族流传了约300多年，因此又名科布肖像。

1592—1594年，瘟疫爆发，伦敦的剧院被迫关闭，这段时期莎士比亚开始写十四行诗，创作了情诗《维纳斯与阿多尼斯》以及《鲁克丽丝受辱记》等。他早期的剧作有《亨利六世》（上、中、下篇）、《维罗纳二绅士》以及《泰特斯·安特洛尼克斯》等。1594年，他成为宫内大臣剧团的创始成员，同时也是剧团的剧作家、演员和股东。

与莎士比亚竞争的同行常常出言不逊，诋毁莎士比亚的声誉，如罗伯特·格林称他是“暴发户式的乌鸦”，不过这没能阻挡莎士比亚日益高涨的名气。1598年，他的名字首次出现在剧本《爱的徒劳》的封

与莎士比亚竞争的同行常常出言不逊，诋毁莎士比亚的声誉，如罗伯特·格林称他是“暴发户式的乌鸦”。

面上。次年，他的剧团搬到了他们在泰晤士河以南建造的环球剧院。这是一个三层的露天圆形剧场，有茅草屋顶，可容纳3000名观众。舞台前面是站票的区域，专供那些买不起座位的穷人，这些人经常发出吵闹声，还辱骂演员。

莎士比亚所属的剧团也经常为伊丽莎白女王表演。1603年女王去世，詹姆斯一世继位，他将剧团的名字改成国王剧团。他们继续频繁地在皇家宫廷演出。1608年，剧团增设了第二个演出剧院——黑修士剧院，这是有烛光照明的室内剧院。

詹姆斯一世时期，观众对表现人性黑暗的戏剧情有独钟，莎士比亚为此创作了《奥赛罗》《李尔王》和《麦克白》（这部戏剧将詹姆斯一世的祖先班柯描绘成正面人物）等作品。他后期的戏剧作品多为浪漫主义传奇剧，基调严肃但不过于伤感，包括《辛白林》《冬天的故事》和《暴风雨》等。

1590—1613年，在伊丽莎白和詹姆斯一世时代，莎士比亚共创作了37部戏剧，其中包括17部喜剧和9部历史剧，还有154首十四行诗和4首其他诗作。他的剧作创造了大约300个新词，还有许

左图：1594年，莎士比亚和他的宫内大臣剧团在格林尼治皇宫为女王伊丽莎白一世表演。

To the Reader.

This Figure, that thou here ſeeſt put,
It was for gentle Shakeſpeare cut;
Wherein the Grauer had a ſtrife
with Nature, to out-doo the life:
O, could he but haue drawne his wit
As well in braſſe, as he hath hit
His face, the Print would then ſurpaſſe
All, that vvas euer vvrit in braſſe.
But, ſince he cannot, Reader, looke
Not on his Picture, but his Booke.

B. I.

Mr. WILLIAM SHAKESPEARES COMEDIES, HISTORIES, & TRAGEDIES.

Publiſhed according to the True Originall Copies.

LONDON
Printed by Iſaac Iaggard, and Ed. Blount. 1623.

右图：1623年出版的莎士比亚剧作合集《第一对开本》的标题页，插图上的版画由马丁·德罗肖特创作。

多我们今天仍在使用的俗语。事业上的成功为他赢得了“吟游诗人”的称号，也为他带来了财富。他在斯特拉特福购买了几所房产，1597年购入的一处名叫“新宅”的住所，是镇上第二大住宅。

1613年的一天，环球剧场正在上演《亨利八世》，有发射失误的炮弹落入，引发火灾，剧场被彻底烧毁。《亨利八世》由莎士比亚与约翰·弗莱彻（1579—1625）合作完成。同年，两人再次合作，完成《两贵亲》。这是莎士比亚退休前的最后一部剧作。他逝世于1616年4月23日（据说这天也是他的生日），享年52岁，葬于斯特拉特福德的圣三一教堂内。他的遗孀安妮于1623年去世，葬在丈夫墓旁。当时，他的18部戏剧已经印成廉价的四开本册子。1623年，他剧团的两名演员以对开本的形式出版了他的36部戏剧，合集名为《第一对开

重建环球剧院

1613年环球剧院被烧毁，第二年进行了重建。1642年，新教政府禁止所有剧院对外开放，环球剧院当时变成了公寓楼。1950年，美国演员兼导演山姆·沃纳梅克移居英国，在他的不懈努力下，环球剧场最终在现代重获新生。他重建了剧场，并且尽可能按照剧场的原貌建造。1989年发现了剧场的原地基，因此工程队对既定的设计进行了修改。1997年，新环球剧院在旧址附近开放，可容纳1400名观众。旁边的山姆·沃纳梅克剧场于2014年对外开放，这是一座封闭的烛光剧院，按照黑修士剧院的风格设计，可容纳340名观众。

下图：由山姆·沃纳梅克重建的新环球剧院，经过数年的筹划，于1997年对外开放。

本》，售价1英镑。本·琼森在序言中写道：“他不仅属于一个时代，而且属于全人类。”

本·琼森

16世纪70年代末，本·琼森（1572—1637）在伦敦威斯敏斯特学院求学，逐渐对贺拉斯等古典作家产生了浓厚的兴趣。他的导师是著名的历史学家威廉·卡姆登。琼森曾在作品中称赞他这位导师，称“我在艺术上成就的一切，我所知道的一切全归功于卡姆登”。专职写作前，琼森曾在荷兰当过兵，并且随继父学习泥瓦手艺。他在1594年结婚，育有一儿一女，但两个孩子均早夭。

下图：在成为喜剧大师之前，本·琼森曾创作过悲剧。他也是一位受人尊敬的文学评论家。

在伦敦，琼森先是从事表演工作，1597年转向剧本创作。同年，他的第一部著名剧作《案件被篡改》上演。一年后，他的喜剧《人人都高兴》取得了巨大的成功。他创作了一系列广受欢迎的喜剧，包括《福尔蓬奈》（1606）、《炼金术士》（1610）和《巴托罗谬集市》（1614）。詹姆斯一世尤为喜爱他的作品，不仅奖励他一项王室薪俸，还鼓励他为王室创作新的喜剧作品。琼森便为詹姆斯一世和查理一世创作了假面歌舞剧剧本，由伊尼戈·琼斯设计舞台背景，但两人后来产生矛盾，合作破裂。

1616年，琼森出版了戏剧和诗歌作品合集《琼森文集》。同年，詹姆斯一世授予他英国第一个桂冠诗人的荣誉，并给他增加了一项薪俸。莎士比亚去世后，有人称琼森是当时在世的英国最伟大的作家。不过，他的同行可不这样认为。有些人看不惯他好斗自大的性格，就连他的朋友，苏格兰诗人威廉·德拉蒙德也形容他“对自己总是自吹自擂，对他人总是不屑一顾……”1598年，琼森在决斗中杀了人，差点因此被处以极刑，后因“可为教会服务”（他能阅读拉丁文《圣经》）而免于死刑。大约三年后，他在自己的讽刺剧《冒牌诗人》中抨击了他的批评者，以此作为报复。

琼森体型肥胖，且有酗酒的恶习。但他却在1618年，步行至苏格兰拜访了德拉蒙德。1628年，他奉命为伦敦撰写编年史，却于同年去世，死前穷困潦倒，死后葬于威斯敏斯特教堂。在这里，他是唯一一个以直立姿势下葬的人。据说他曾对教堂的主教说，他无力购买更大的空间来安葬自己了。

启迪人心的音乐

文艺复兴启发了许多音乐创作的新方式，出现了形式多样、振奋人心的作品，人声也首次以当今西方听众所熟悉的多声部结构与乐器结合起来。古希腊人认为音乐能够激发人的情感，人文主义者深受启发，创造了充满张力的西班牙牧歌和新的歌剧流派。文艺复兴早期，一流的音乐是专为教会服务的；到了16世纪晚期，作曲家可以满足从皇室贵族到富裕阶层的广泛听众的需求。15世纪的英国作曲家约翰·邓斯泰布尔的作品旋律优美动听，对欧洲作曲家产生了深远的影响。荷兰的勃艮第宫廷是15世纪音

上图：《国王的民谣曲》的乐谱，这首牧歌有三部分，据说谱曲的是亨利八世。

乐作曲创新的中心，培养出法国著名作曲家纪尧姆·迪费，他把邓斯泰布尔的抒情旋律引入了法国诗歌中，主要用于教堂弥撒音乐。大约在这个时期，若斯坎·德普雷在法国创立了一种影响欧洲各国的复调音乐，他在创作中也使用法国诗歌和世俗歌曲。经历16世纪的宗教改革和后来的天主教反宗教改革后，经文歌的形式和歌词更为简洁清晰。英国作曲家威廉姆·伯德是天主教徒，他同时为天主教会和信奉新教的女王伊丽莎白一世服务，成功地游走于宗教上对立的两派。

文艺复兴时期产生了新的乐器，比如小提琴。这种乐器受到了凯瑟琳·德·美第奇的喜爱和推广。她是实力强大的法国王后，后来还成为法国国王的摄政。小提琴音色热烈奔放，很快风靡一时，风头盖过了维奥尔琴。其他新乐器还有一种早期的长号萨克布号；以及肖姆管，即双簧管的前身。

1501年，第一批音乐类图书由威尼斯印刷商人奥塔维亚诺·佩特鲁奇印制并在整个欧洲发行，从此打破了教会对这类图书的垄断。以往这类图书以手抄为主，价格昂贵，为教会所独享。

邓斯泰布尔

英国人邓斯泰布尔（约1385—1453）是文艺复兴时期音乐领域早期的开拓者，他的“英式风格”作品以流畅、洪亮的和声为特征，对欧洲作曲家产生了巨大影响。他是公认的15世纪最著名的英国作曲家。

> 邓斯泰布尔的“英式风格”作品以流畅、洪亮的和声为特征，对欧洲作曲家产生了巨大影响。

邓斯泰布尔侍奉过贝德福德公爵，后者在1422—1435年担任法国国王的摄政大臣。两人曾结伴去法国旅行，他们拜访了法国王室，使得邓斯泰布尔的美妙音乐流行开来。此前，欧洲大陆的音乐作品普遍单调乏味，乐音也不和谐，邓斯泰布尔的音乐丰富了这些作品的和声。他的作品包括教堂弥撒曲各部分的谱曲、经文歌（复调合唱歌曲）和世俗歌曲。在邓斯泰布尔创作的弥撒曲中，每个乐章都用同一个定旋律声部来统一全曲，这种方式是一种创新，在长达一个世纪的时间里，一直是弥撒曲创作的范式。邓斯泰布尔可能还开创了一种复调经文歌的创

下图：邓斯泰布尔的作品没有使用中世纪同音反复的形式，而是将多个声部的声音统一起来。

作技法，使用两个声部，低音部是事先写好的素歌的定旋律，在高音部加入装饰音。

邓斯泰布尔保存至今的作品大约有60首，绝大部分是圣乐作品。他还精通数学和天文学。1453年12月24日，邓斯泰布尔逝世，葬于伦敦圣斯蒂芬沃尔布鲁克大教堂。1666年的伦敦大火烧毁了教堂、教堂内邓斯泰布尔的纪念碑和邓斯泰布尔的墓碑。

纪尧姆·迪费

迪费（1397—1474）出生于神圣罗马帝国布鲁塞尔（现位于比利时）附近的贝尔塞尔。1409年，他成为康布雷大教堂（现位于法国）的唱诗班成员。他在音乐方面天赋过人，很早就已崭露头角，后来前往意大利。1420年，他为里米尼显赫的君主卡洛·马拉泰斯塔服务；接着来到罗马，于1428年加入教皇唱诗班。1436年，他回到康布雷，成为一名咏礼司铎。1440年左右，他开始负责大教堂的音乐。1446年，他担任蒙斯市（现位于比利时）圣特-沃德鲁教堂的咏礼司铎。他在康布雷和意大利两地之间往来，1452年曾前往萨伏伊。他在意大利住了六年，

下图：迪费作品的乐谱之一。他的作品是连接中世纪晚期和文艺复兴时期音乐的纽带。

这一时期创作了许多作品，其中有一首作品哀悼了1453年君士坦丁堡的陷落。

迪费是公认的15世纪最伟大的作曲家，现存87首经文歌和59首法国香颂。他曾为一些庆祝活动创作经文歌，比如1436年布鲁内莱斯基为佛罗伦萨大教堂建造的圆顶落成时进行的圣化仪式。迪费创作的弥撒曲优雅动听，运用四声部写成，既有圣咏，也有世俗歌曲，他这种创作技法为弥撒曲的发展提供了灵感。他在弥撒曲中加入约翰·邓斯泰布尔柔美的和声，重现英国音乐风格。他的世俗歌曲通常用三声部，使用法国游吟诗人音乐（将诗句与音乐结合起来的音乐）中的三种固定形式，包括回旋歌（尤其用于表达爱情）、叙事歌和维勒莱，维勒莱是以短小的法语诗句作为歌词的歌曲。迪费对这三种形式的技巧运用得炉火纯青，臻于完美，在欧洲享有极大声誉。

下图：1537年的木版画，奥克冈（戴染色眼镜者）和同伴一起正看着硕大的乐谱唱歌。

奥克冈

奥克冈（约1410—1497）出生在比利时的圣吉斯兰，以美妙的嗓音而闻名。1443—1444年，他在安特卫普大教堂担任唱诗班歌手；1446—1448年，他前往穆兰在波旁公爵查理的小教堂中演唱。他的大部分职业生涯都在法国宫廷度过，相继成为三任法国国王——查理七世、路易十一世和查理八世——的作曲家和神父。他还在图尔市担任过圣马丁修道院的司库。在欧洲丰富的旅行经历使奥克冈熟悉了各种风格的音乐，他不仅在自己的作品中使用这些音乐，还将其教授给学生，培养了许多作曲界的青年才俊。

奥克冈至少创作了13首弥撒曲，有些是自由创作的弥撒曲，有些是定旋律弥撒曲。他的经文歌和世俗歌曲也非常有名。1460年，奥克冈的一位好友离世，他创作了一首名叫《死神，你伤害了……》的哀歌，这首歌让他在欧洲声名鹊起。奥克冈精通对位法技法，也是运用卡农手法的大师。运用这种手法，卡农曲中最先出现的旋律会在曲子后面不断重复，重复时音高可以相同，也可以不同。他用这种手法创作弥撒曲，比如他的《短拍弥撒曲》（又名《马塞勒斯教皇弥撒曲》），共有四个声部，由两首卡农以不同速度同时进行。

威廉姆·伯德

伯德（约1538—1623）出生于伦敦，是伊丽莎白时期著名的作曲家和管风琴演奏家。他是托马斯·塔利斯（约1505—1585）的学生，托马斯也是一位著名的作曲家和管风琴手。1572年，两人共同担任皇家教堂的管风琴师。1575年，伊丽莎白女王一世授予他们独家印刷和出版音乐乐谱的权利，同年他们出版了第一部作品。这是34首经文歌的合集，他们将它献给伊丽莎白女王。伯德是天主教徒，在同是天主教徒的女王玛丽一世统治下，他不仅音乐才能快速提升，还获得了信奉新教的伊丽莎白一世和她的继任者詹姆斯一世的青睐。这促使他在1605年和1607年出版了两本《阶台经》（庆祝天主教重大节日的音乐），这两本书是最完整的作曲家天主教会弥撒曲合集。彼时，天主教徒刚在1605年实施火药阴谋，密谋炸死詹姆斯国王，伯德这种做法尤为大胆。

维吉那琴和斯皮内琴

文艺复兴时期最受欢迎的乐器之一是维吉那琴，这可能是最早的一种羽管键琴。羽管键琴和维吉那琴都是拨弦奏鸣乐器，但前者的琴弦是竖直的，后者的琴弦是水平的。维吉那琴放在长方形琴体内（在意大利有时是六角形），由琴键拨弦，就像钢琴一样。斯皮内琴通常为翼形。维吉那琴和斯皮内琴都很像小型钢琴，只是维吉那琴的琴弦几乎与键盘平行，而斯皮内琴的琴弦却是倾斜的。还有一种斯皮内维吉那琴，它的键盘是凸起的，而不是内凹。

维吉那琴的声音干脆轻快，无论用什么力道，弹出来的声音都能保持一致。它是文艺复兴时期演奏多声部复调音乐作品的理想选择，因为演奏者可以同时弹出多个旋律。伊丽莎白女王就拥有一架维吉那琴，而且她的弹奏水平相当不错。

右图：伊丽莎白一世的维吉那琴，现藏于伦敦的维多利亚和阿尔伯特博物馆。这张琴是1594年在威尼斯制作的。

1585年，塔利斯去世，伯德开始出版自己的作品集，比如1588年的《圣咏、诗歌、哀歌及虔诚之歌》。他的许多圣乐作品都是用英文演唱的。他演奏管风琴时在键盘的选择上有独到的风格，将管风琴和维吉那琴（一种古钢琴）等乐器的演奏水平提至新的高度。他还创作了一种形式自由的幻想曲，成为詹姆斯一世时期音乐创作的主流。

从1577年开始，伯德一直居住在米德尔塞克斯郡的哈灵顿。1593年，他从哈灵顿搬到了埃塞克斯郡的斯通顿登梅西，并在此度过了余生。1603年詹姆斯一世继位后，伯德出版了更多的弥撒曲音乐合集。1611年，他发表最后一部音乐作品《圣咏、歌曲与诗歌》，包括宗教和世俗音乐。

1603年詹姆斯一世继位后，伯德出版了更多的弥撒曲音乐合集。

若斯坎·德普雷

若斯坎·德普雷（约1450—1521）出生于法国—比利时边境的埃诺（现属于比利时），1470年成为法国康布雷大教堂唱诗班的一员。之后，他前往几个国家为王室进行表演，包括法国国王路易十二的皇家教堂。大约在1476年，他创作了一首著名的经文歌，名叫《万福玛利亚，安详的童贞女》。1489年，他前往罗马为教皇的教堂服务，创作音乐，并居留至1495年。后来，他成为费拉拉公爵埃尔科莱一世的唱诗班指挥，并为他谱写了弥撒曲《大力神般的领袖费拉拉》和经文歌《求主垂怜》。1505年公爵去世后，若斯坎前往孔代，担任当地圣母院院长。

马丁·路德对若斯坎的作品赞赏有加，说他是“音符的主人，他能随心所欲地运用音符，而别的作曲家只能听凭音符指示”。若斯坎之所以在音乐上成就很高，主要因为他将调性、表达情感等新的概念首次引入宗教音乐。若斯坎在创作法国香颂等世俗歌曲时，对位技法上的运用更为自由，一首歌曲有时多达五至六个声部。《蟋蟀》是他最受欢迎的歌曲之一，充满意趣，有四个声部，模仿了蟋蟀在草地上唱歌的声音，谱写于1498年左右。

维拉尔特

阿德里亚安·维拉尔特（约1490—1562）大概出生在比利时的布鲁日，他曾前往巴黎学习法律，但很快就转而追求音乐，并师从法国皇家教堂的首席作曲家让·穆冬。1515年，维拉尔特在费拉拉埃斯特家族的红衣主教伊波利托一世手下供职，1520年主教去世后，他服务于同一家族的阿方索公爵。1525年，他前往米兰，在埃斯特家族的另一位主教伊波利托二世手下任职。1527年，维拉尔特被任命为威尼斯圣马可大教堂的乐正，他从此稳定下来，担任这一职位直至去世。随着他声望日重，欧洲各地的音乐家纷纷慕名前来求学，维拉尔特由此创立了威尼斯乐派，为巴洛克音乐家巴赫、亨德尔热烈奔放的风格奠定了基础，他也因此成为若斯坎与帕莱斯特里纳之间影响最大的作曲家。他一共留下了8首弥撒曲，150多首经文歌，多

下图：1559年，维拉尔特的《新音乐》扉页，这是由经文歌和牧歌组成的合集。

首意大利牧歌、法国香颂、赞美诗和圣咏。维拉尔特将复调加入牧歌对其加以完善，他也是最早创作器乐曲的作曲家之一。

维拉尔特创造了由两个唱诗班轮流对唱的音乐形式，后来发展为威尼斯乐派的复合唱音乐风格。他为圣马可大教堂的唱诗班创作了许多作品。1550年发表了《残缺的圣咏》，采用了复合唱形式。

帕莱斯特里纳

乔瓦尼·帕莱斯特里纳（约1525—1594）全名为乔瓦尼·皮耶路易吉·达·帕莱斯特里纳，出生在罗马附近与他同名的地方。在罗马街头，他经常

右图：1554年，帕莱斯特里纳将他的第一本弥撒曲作品集题献给教皇尤利乌斯三世。

一边出售自家农产品，一边唱歌。据说在他12岁时，罗马圣母大教堂的唱诗班指挥听到他的歌声，带他进入唱诗班并教他音乐。1544—1551年，他在当地的圣阿加彼塔大教堂担任管风琴师；1551年成为圣彼得大教堂教皇唱诗班的乐正。教皇尤利乌斯三世看到他第一卷弥撒曲作品后，任命他为朱利亚合唱团的团长，之后被派往罗马。1571年，帕莱斯特里纳返回朱利亚合唱团。后来他的兄弟、妻子和两个儿子死于瘟疫，他娶了一位富有的寡妇，从此衣食无忧。

帕莱斯特里纳主要创作弥撒曲和经文歌，也创作牧歌。当时许多意大利作曲家都将佛兰德斯乐派作曲家所创立的新式复调风格融入自己的作品。由于深受若斯坎·德普雷的影响，帕莱斯特里纳是当中最成功的一位。他的创作遵循一套严格的作曲原则，音乐节奏流畅，旋律在音符间少有跳跃。他写出的宗教音乐柔美动听，契合当时的音乐潮流，而且并不违

音乐作品的出版

奥塔维亚诺·佩特鲁奇（1466—1539）是一位意大利出版商，是15—16世纪传播文艺复兴时期音乐的最主要的人物。他出版了61种音乐作品，其中大部分是弥撒曲、经文歌、香颂和弗罗托拉（一种很受欢迎的非宗教音乐）。他出生在意大利中部的福松布罗内，1490年搬到威尼斯。1498—1511年，他获得了在威尼斯独家发行音乐出版物的权限。1501年，他成为首位使用活字印刷术印制复调音乐作品的人，这本名为《乐曲百首》的合集包含约100首香颂。1507年，他还出版了第一本鲁特琴音乐作品集。印刷过程包含三道工序，分别印制乐曲的五线谱、音符和歌词文本。委托他出版过作品的著名作曲家有若斯坎·德普雷和约翰内斯·奥克冈。佛兰德斯乐派的音乐在欧洲享有很高的知名度，就得益于佩特鲁奇的出版工作。

反教会对宗教音乐的苛刻要求，因而被称为宗教音乐最完美、最理想的作曲家。他经历了13位教皇，也经历过天主教会的反宗教改革，这场运动引发了人们对宗教音乐风格的质疑。帕莱斯特里纳通过创作纯粹优美的音乐打消了这些质疑，获得了“宗教音乐救世主”的美誉。他最著名的弥撒曲是《马塞勒斯教皇弥撒曲》，至今仍是天主教堂的常演曲目。

奥兰多·德·拉絮斯

奥兰多·德·拉絮斯（也称拉索，约1532—1594）出生在比利时蒙斯，8岁开始在圣尼古拉斯教堂唱诗班演唱。贡萨加的费迪南德是神圣罗马帝国皇帝查理五世的一位将军，他将拉絮斯招入麾下。他们在荷兰经历一场战役后，1544年拉絮斯陪同将军前往意大利，在米兰、西西里和那不勒斯逗留了近十年。1553年，拉絮斯前往罗马，担任拉特兰圣约翰大教堂的乐监，为期一年。1556年，他到慕尼黑定居，先后担任巴伐利亚公爵阿尔布雷特五世及其儿子威廉五世的教堂乐监。1570年，神圣罗马帝国皇帝马克西米利安将拉絮斯晋升为贵族。1574年，拉絮斯向教皇格里高利十三世题献了一部弥撒曲合集，从教皇处获金马刺骑士封号。1590年后，他的健康状况开始恶化。在他去世的那天，威廉五世为了省钱决定解雇他，但是拉絮斯从来没有看到过这封解雇信。

拉絮斯创作了2000多首作品，在宗教和世俗音乐上均有很深的造诣。他最受好评的作品集是1584年的《大卫的忏悔诗篇》，包含七首沉郁的圣咏。这些作品极受阿尔布雷特公爵的喜爱，他让人将其写在羊皮纸上，还请艺术家制作了精美的插图。与别的作曲家相比，拉絮斯善于模仿其他国家的音乐，集众家之长为己所用。他在许多音乐类型上都属于领军人物，包括意大利牧歌（1555年出版一部歌集）、经文歌（1556年出版第一部作品集）和法国香颂（1570年出版作品集）。他还出版了七部德国抒情歌谣集（通常是有伴奏的独唱歌曲）。

上图：汉斯·米利奇创作的一幅插图，拉絮斯在巴伐利亚王室的教堂里主持了一个音乐会，他正在演奏斯皮耐琴。

蒙特威尔地

克劳迪奥·蒙特威尔地（1567—1643）出生在意大利北部城市克雷莫纳，父亲是一名理发师兼外科医生，他在该镇大教堂的乐长手下学习音乐。1587年和1590年，他出版了两部牧歌集。1590年左右，他成为曼图亚公爵的小提琴手，出版了另一本牧歌作品集。1595年和1599年，他随同公爵旅行至匈牙利和佛兰德斯。三年后，他被任命为公爵的乐正。

1603年和1605年，蒙特威尔地再次出版了两本优秀的牧歌作品。后一本作品不再强调严格对位，而是在音乐中增加不和谐音，增强音乐的戏剧性。对于外界批评他作品中出现的不和谐音，他回应道："我的作品赏心悦目，说明我的做法完全正确。"1610年，他发表了著名的宗教音乐作品《晚祷》，该作品融合了多种风格，包括器乐和歌剧音乐。1613年，他搬到威尼斯，成为圣马可大教堂的唱诗班乐正。

下图：热那亚艺术家贝尔纳多·斯特罗奇为蒙特威尔地绘制的肖像，俩人搬到威尼斯后就住在一起。

蒙特威尔地的音乐跨越文艺复兴晚期和巴洛克早期两个时代。他在发展新的歌剧流派方面发挥了重要作用。他创作了十部歌剧，其中七部已经失传。他的

左图：在马耳他姆迪纳一座教堂的档案中，发现了这份罕见的蒙特威尔地的手稿。

第一部作品是《奥菲欧》，受弗朗西斯科·贡扎加王子委托，为1607年的狂欢节所作。《奥菲欧》被称为“一个音乐传说”，它糅合了牧歌和鲁特琴音乐的要素，碰撞出强烈的戏剧效果。次年，他发表了《阿里安娜》，大获成功。但直到1627年他才完成下一部歌剧。1637年，威尼斯建立了第一家歌剧院，修改过的《阿里安娜》成为首场演出的歌剧。1638年，蒙特威尔地发表了他的第八部牧歌作品《战争与爱情》。在这部作品中，用琴弓敲打琴弦营造出一种焦躁不安的气氛，来表现战争。70多岁时，蒙特威尔地依然有作品问世。他创作了三部歌剧，于1640年出版了一部令人印象深刻的宗教音乐集《道德与精神集》。

第 6 章

政治与宗教

虽然文艺复兴通常与艺术和科学等领域联系在一起，但对于当时的人来说，文艺复兴也给他们的日常生活带来了实质性的变化。人文主义和古典思想的结合带来了政治和宗教上的变革，因而国家和宗教的权威都遭到了削减。

作为一种社会发展的推动力，人文主义强调人类具有潜在的能力，宣扬追求人的现世幸福。达·芬奇、米开朗琪罗和格列柯等艺术大师，薄伽丘、但丁和乔叟等文坛巨擘，邓斯泰布尔、迪费和帕莱斯特里纳等音乐巨匠，他们的作品无不体现这一思想。但对于赞助艺术和公共建设的专制统治者，以及不断聘请众多人文主义者的神职人员来说，要预见即将到来的社会变革绝非易事。政治与宗教不再紧密联系在一起后，对自我负责、相信通过个人努力可以超越自身阶级的个人主义的产生，社会不可避免地产生变革。商人通过成立行业协会，将行业的福祉和发展放在首位，从寡头统治

前页图：1615年，彼得·保罗·鲁本斯创作的《圣依纳爵·罗耀拉的荣耀》，纪念这位天主教耶稣会的创始人。

右图：瑞士艺术家约斯特·安曼的木刻作品，展示了人们聚集在教士周围进行热烈讨论的情形。

集团手里夺取权力。个人主义是人文主义的重要组成部分，意大利城邦鼓励公民积极行使自己的公民权。不过，贵族精英阶层依然把持大部分的权力。佛罗伦萨是一个倡导民主的共和国，但其统治实权一直掌握在美第奇家族手里，控制威尼斯和热那亚共和国的也是少数人的集团。米兰公国则相继由拥有绝对权力的公爵统治。北欧国家虽长期由君主控制，但从英格兰议会日益独立的情况来看，权力逐渐出现了转移。

15世纪，政治变革向北蔓延，英国的托马斯·莫尔以及荷兰的伊拉斯谟等基督教人文主义者提出了自己的变革主张，托马斯将宗教和政治两种因素混为一体，招致杀身之祸。16世纪，马丁·路德在德国、约翰·加尔文在法国和瑞士，领导了宗教改革运动，天主教会经历了一场信仰危机，其政治权威也受到挑战。

意大利战争

1494—1559年，法国和西班牙试图从政治上控制意大利城邦，不断发动战争，攻打这些地区。1494年，法国国王查理八世（1483—1498年在位）入侵那不勒斯，遭罗马国王及未来的神圣罗马皇帝马克西米利安一世（1459—1519年在位）和教皇联盟的对抗，很快撤退。1499年，法国国王路易十二（1498—1515年在位）取得入侵米兰和热那亚的胜利；但1503年，在那不勒斯被西班牙国王费迪南德五世（1474—1504年在位）的军队击败。1511年，教皇尤利乌斯二世的军队又将法国赶出米兰。1515年，

下图：朱塞佩·贝佐利1829年的画作，展示了法国国王查理八世于1494年入侵意大利并进入佛罗伦萨的场景。

战争中的城邦

14世纪晚期，米兰控制在维斯康蒂家族手中，其中最残暴的统治者当属米兰第一任公爵吉安·加利亚诺·维斯康蒂（1351—1402年在位）。他发动了数次战争，征服周边实力较弱的城邦，包括与佛罗伦萨联盟的城邦。1387年，他推翻维罗纳的王朝；1399年，强占比萨和锡耶纳；翌年，占领佩鲁贾；1402年6月吞并博洛尼亚。三个月后，他领导了对佛罗伦萨的围攻，将要取胜时死于瘟疫。此时，维斯康蒂家族已控制了意大利北部大部地区。强大的佛罗伦萨作为文艺复兴的发源地，终于免遭维斯康蒂家族控制，还于1406年占领比萨。

下图：1395年，维斯康蒂在米兰圣安姆布洛乔大教堂加冕为米兰公爵。

法王弗朗西斯一世（1515—1547年在位）的军队试图占领米兰，在马里尼亚诺战役（当地在米兰附近，现称为梅利尼亚诺）中击败了其瑞士盟友。次年，根据签订的和约，米兰划给法国，西班牙则保留那不勒斯。

1521年，神圣罗马皇帝查理五世与弗朗西斯一世交战。弗朗西斯被俘，1526年被迫签署《马德里条约》，放弃在意大利的所有领土。弗朗西斯后来毁约，但1527年查理五世的军队哗变并血洗罗马，打败教皇克雷芒七世（1523—1534年在位）的军队。弗朗西斯在两年后的《康布雷条约》中才真正放弃了他在意大利的势力。这一系列战争史称意大利战争，1559年签订《卡托-康布雷西和约》后，战争正式结束。

皇帝与教皇的对抗

在世俗社会中，与教皇身份地位对等的是神圣罗马帝国皇帝。15世纪，神圣罗马帝国皇帝通过选举产生，其流程是三名大主教和四名德国世俗贵族担任选帝侯，组成选举团，从富有的哈布斯堡家族的成员中选出皇帝。德国和奥地利自然效忠于神圣罗马帝国皇帝，但意大利并不愿意完全听令。皇帝与教皇之间一直存在权力之争。1527年，查理五世继承了哈布斯堡王朝，皇帝与教皇的矛盾尖锐化，他的军队洗劫了罗马，差点俘虏了美第奇家族出身的教皇克雷芒七世。1530年，克雷芒七世不得不承认查理五世作为神圣罗马帝国皇帝的合法地位。（早在十多年前各选帝侯已经推举查理为神圣罗马帝国皇帝，但直到那时才获得罗马教皇的加冕，这意味着教皇正式承认皇帝，神圣罗马帝国的帝位具有了合法性。）1556年，查理面临来自宗教改革和罗马教会的双重压力，勉力维系着帝国的统一。他将王位传给弟弟费迪南德一世（1556—1564年在位）后，到一处修道院中过着退休的生活。

在宗教改革之前，教会曾经历过一次重大危机。1378—1417年，东西方教会分裂。

在宗教改革之前，教会曾经历过一次

下图：教皇马丁五世加冕典礼的微型画，出自乌尔里克·冯·里奇塔尔的编年史，他当时在加冕现场。

重大的危机。1378—1417年，东西方教会分裂。在某一时期，竟同时有多达三人宣称自己为合法的教皇，他们互相指摘，这一举动削弱了教会和教皇的地位。1417年（康斯坦茨会议期间），马丁五世（1417—1431年在位）当选为教皇，才结束了三位教皇分裂的局面。会议还谴责了宗教改革的两位先驱约翰·威克里夫和扬·胡斯的教义，并将胡斯绑在火刑柱上活活烧死。16世纪的宗教改革促使教皇寻求变革。保罗三世（1534—1549年在位）是克雷芒七世的追随者，他对教会进行改革，资助艺术和教育事业。他的继任者尤利乌斯三世（约1550—1555年在位），支持文艺复兴思想，将最顶尖的艺术家召来服务于教会，米开朗琪罗曾担任他的首席建筑师，帕莱斯特里纳则成为他的乐正。

吉洛拉谟·萨伏那罗拉

吉洛拉谟·萨沃纳罗拉（1452—1498）生于意大利北部的费拉拉，1475年加入博洛尼亚的多米尼加教派，1478年回到费拉拉讲授《圣经》。1482年，他前往佛罗伦萨，在圣马可修道院任讲师。三年后，在托斯卡纳的圣吉米亚诺镇布道时，他提出教会必须进行改革。随后，他前往数个城市传教，直到1490年在洛伦佐·德·美第奇的敦促下返回佛罗伦萨。这对美第奇家族来说是个致命的错误。萨沃纳罗拉开始抨击佛罗伦萨政府统治的弊端，吸引了大量民众。

萨沃纳罗拉在1492年曾预言查理八世将入侵佛罗伦萨，现实的确如他所料。美第奇家族被驱逐出境，萨沃纳罗拉与取胜的查理八世进行谈判，确保了政权的和平移交。萨沃纳罗拉进入佛罗伦萨的政治真空时期，凭借他的雄才大略，逐渐执掌佛罗伦萨的政权。在布道中，他预言了教皇和洛伦佐·德·美第奇的灭亡。他一心摈弃邪恶，提倡节俭禁欲，以宗教仪式代替世俗节日。他尤其对薄伽丘的作品严加鞭挞，这种态度对参加他布道的波提切利产生了影响，阅读他作品的米开朗琪罗同样受到了触动。两位艺术家均在自己的艺术创作中增添了更多的宗教内容。

萨沃纳罗拉在佛罗伦萨展开了真正的民主变革，扫除陈旧、腐败的政治。这种巨大的变化引发了不满，由此产生了一个新的反对他的党派，称为“阿勒比亚提党”（意为“愤怒的人”）。这个反对党与教皇和米兰公爵结盟，建立了反法“神圣同盟”。萨沃纳罗拉拒绝加入这个同盟。1495年，教皇命令他前往博洛尼亚，否则便将他逐出教会。萨沃纳罗拉拒绝

洗劫罗马之役

1525年，神圣罗马帝国皇帝查理五世的军队在帕维亚击败法军后，成为意大利最强大的武装力量。两年后，查理五世麾下一支拥有两万名士兵的军队向罗马进发，抗议没有按时发放薪俸。领头的是波旁公爵查理三世（1490—1527年在位），叛军包括西班牙步兵和德国雇佣兵。1527年5月6日，军队冲破城墙，与约5000名守军展开战斗，守军中有189名瑞士卫队士兵。波旁公爵被击毙，但叛军仍然攻陷了罗马。他们摧毁教堂，烧杀抢掠，连儿童也不放过，死亡的平民达2.5万人。瑞士卫队在圣彼得大教堂的台阶上浴血奋战，才使得教皇克雷芒七世通过一条秘密隧道逃往圣天使城堡。教皇于6月投降，不仅交给查理五世一大笔赎金，还割让了大片领土。

左图：在洗劫罗马一役中，波旁公爵查理三世在指挥帝国士兵时，中弹而亡。

了教皇，他在佛罗伦萨有至高无上的威望，他的敌人无可奈何，只能随他去了。

后来反对萨沃纳罗拉的党派上台执政，形势开始发生改变。他们迫使萨沃纳罗拉停止传教，还挑动群众暴动，逮捕了萨沃纳罗拉和他的两位手下，将他们监禁起来，加以折磨。后来，教皇从罗马特派了两位专员前来佛罗伦萨，其中一位宣称："我们将要升起大火，因为我已经手握了判决。"他们进行了简短的审讯后，认定这三人有罪，判处他们绞刑和火刑。1498年5月24日，萨沃纳罗拉和他的两个同伴被带到佛罗伦萨的领主广场，火刑架已经架起，人群都在等待。他们先被吊在火堆上绞死，然后再用火焚烧尸体。萨沃纳罗拉是最后被处决的人，当一名牧师问他对自己殉道的感受时，他回答说："上帝为我遭受了同样多的苦难。"

上图：创作于1880年的版画，画中萨沃纳罗拉正在教诲信众不要受奢华邪恶的诱惑。

托马斯·莫尔

托马斯·莫尔（1478—1535）出生于伦敦，父亲是一名律师和法官，他曾在伦敦的圣安东尼学校学习。1490年，他成为坎特伯雷大主教的少

上图：1527年，德国艺术家汉斯·荷尔拜因接受委托，在橡木画板上创作了这幅托马斯·莫尔爵士的画像。

年侍卫，这位主教正是人文主义学者约翰·莫顿（1420—1500）。1492—1494年，莫尔在牛津大学学习拉丁语和形式逻辑，之后在伦敦学习法律。1502年，他开始律师执业。1503—1504年，在卡尔特修道院中度过一段时光。1504年当选为议员。1514年担任枢密院顾问。亨利八世（1509—1547年在位）钦佩他正直的人品和对宗教的虔诚，于1521年授封他为爵士。

莫尔的《乌托邦》（原文“Utopia”为希腊语，字面意思为“不存在的地方”）是一本人文主义著作，1516年出版，作品运用了讽刺的手法，以期推动英国政治和社会的改革。这本书描述了一个由理性统治的无宗教信仰的城邦，这里人们拥有宗教自由，官吏诚实正直。作品传达了莫尔的人文主义哲学，即政治家应该通过间接的方式为自己的政策赢得支持。1529年，莫尔成为亨利八世的大法

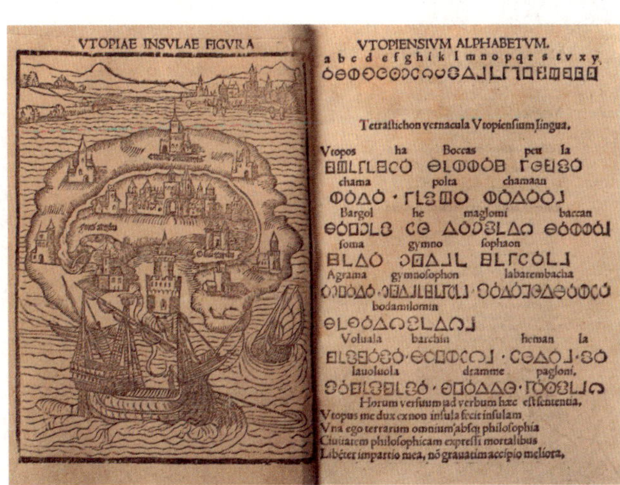

左图：1516年发行的托马斯·莫尔的《乌托邦》的第一版，这幅木刻版画描绘了乌托邦中的场景。

官。不过，莫尔反对国王与阿拉贡的凯瑟琳离婚，也拒绝在请求教皇宣布两人婚姻无效的信上签字，两人失和。1534年，莫尔拒绝宣誓承认亨利为英格兰的教会首领，两人关系进一步恶化。接着，莫尔以叛国罪遭到指控，审讯只花了15分钟，就将他定罪。他被判绞刑，尸体还要被肢解。后来亨利从轻发落，改为斩首。莫尔在伦敦塔被关押了15个月，1535年以叛国罪处决。在断头台上，他称自己“怀抱对天主教的信仰，为了天主教的信仰而赴死”，称自己是“国王和上帝最忠诚的仆人”。1935年，天主教会追封莫尔为圣徒。

下图：1523年，小汉斯·荷尔拜因创作的伊拉斯谟肖像。伊拉斯谟对这幅肖像非常满意，将其复制品寄往欧洲各地的朋友。

伊拉斯谟

伊拉斯谟（1466—1536）本名德西德里乌斯·伊拉斯谟，出生于荷兰鹿特丹，是一名牧师的私生子，在小镇德文特上学，该校的校长和老师皆是人文主义学者。他的父母大约在1483年死于鼠疫。1485年，他的监护人将他送到斯泰恩的圣奥古斯丁修道院，他在这里待了七年。1492年成为天主教神父，不过他从未积极参与神父的工作。之后，伊拉斯谟担任尚布雷主教的秘书。

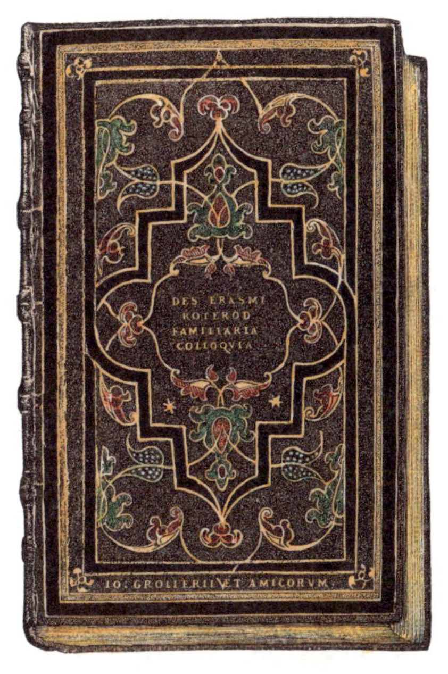

上图：1537年，伊拉斯谟去世一年后，巴塞尔出版了《交谈的形式》，这个版本配有手绘的彩色版画。

1495年主教将其送往巴黎学习神学和古典文学，在那里，他再次接触到人文主义学者。

在巴黎，伊拉斯谟成为一位著名的讲师。他的一位学生对他极为赏识，给他提供了一笔俸金，以使他能前往其他欧洲国家讲学，途中他结识了几位欧洲最伟大的学者。1499年，他前往英格兰，遇到了托马斯·莫尔，还在他家小住；还结识了人文主义学者和神学家约翰·科莱特（1467—1519），两人在巴黎时已相识。这两人皆是伊拉斯谟的终生挚友，并对其产生了深远的影响。

16世纪初，他在剑桥任教，讲授神学。在托马斯·莫尔家中，他写出了《愚人颂》，讽刺了社会和教会的罪孽及不端行为，对战争进行强烈谴责，将战争比作瘟疫。1514年，伊拉斯谟撰写了《交谈的形式》，作品抨击了贪婪的神职人员、虚假的宗教奇迹和毫无意义的宗教仪式。这本书很受读者欢迎，但法国当局却下令焚毁，西班牙国王查理五世甚至表示应当处死读这本书的人。1516年，伊拉斯谟将《新约》翻译成希腊文，对教会来说，这是一种危险的挑战。[①]1517年，马丁·路德发表了

① 天主教为维护教会的权威，规定《圣经》只能使用拉丁文。——译者注

《九十五条论纲》，伊拉斯谟开始支持路德的宗教改革，但不赞成他激进的改革方法。伊拉斯谟忠于天主教的信仰，但他认为人与上帝可以建立直接的关系。①伊拉斯谟去世时，没有要求为自己进行天主教的临终圣礼。

马基雅维利

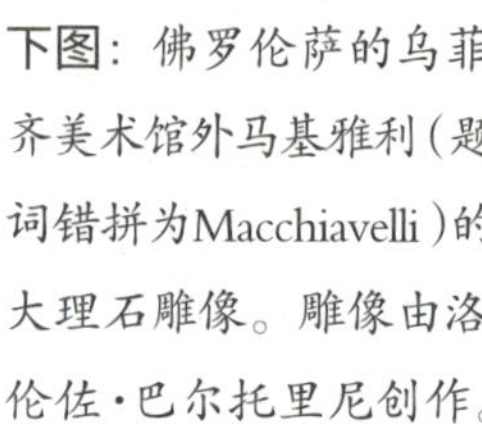

下图：佛罗伦萨的乌菲齐美术馆外马基雅利（题词错拼为Macchiavelli）的大理石雕像。雕像由洛伦佐·巴尔托里尼创作。

尼可罗·马基雅维利（1469—1527）出生于佛罗伦萨一个贵族家庭，人们对他早期的生活知之甚少。1498年，统治佛罗伦萨的美第奇家族流亡期间，他出任佛罗伦萨共和国的国务秘书。他执行了23次出使任务，其中四次出访法国国王。在1503年的一份报告中，他记录了瓦伦蒂诺公爵恺撒·博尔吉亚犯下的政治谋杀案。1502年，马基雅维利在博尔吉亚的宫廷小住数月，后来以此为灵感撰写了著作《君主论》。同年，他与玛丽埃塔·科尔西尼结婚，两人育有四子和二女。

1512年，马基雅维利已为佛罗伦萨服务了14年。这年美第奇家族复辟，马基雅维利被指控为密谋推翻家族的同党，遭逮捕、监禁和拷打。次年，他完成了最著名的作品《君主论》。在该书的第17章“关于残忍与仁慈，以及受人爱戴和被人畏惧哪一个更有利”中，马基雅维利提出，人性本恶，

① 天主教会认为信徒应该通过神父与上帝沟通，目的也是为了维护教会的权威。——译者注

因而作为君主，应使臣民产生畏惧，而不必追求臣民的爱戴，这充分说明了马基雅维利提倡的是“现实政治”，他也以此闻名于世。这个观点一直褒贬参半，当然以贬为主。不少手握大权的名人都信奉这一观点，如美国第二任总统约翰·亚当斯，他认为更易于令人类服从的是大棒，而非胡萝卜。不过，《君主论》也提倡人文主义，主张人不应受到教会或命运的控制，而应自由决定自己的道路。

马基雅维利著作颇丰，包括诗歌、戏剧和世俗歌曲等。1521年，他发表了《战争之艺术》，这是一本有关军事战术的著作，通过罗马共和国因全民服兵役而使得国家稳定的例子，强调了军事组织和平民百姓之间建立联系的重要性。①1526年，教皇克雷芒七世委托他视察佛罗伦萨的军事要塞，他还代表伦巴第地区的教皇战事委员会执行了两次外交任务。马基雅维利于次年去世，虽然他不断对天主教会提出批评，但仍获准接受临终圣礼。

恺撒·博尔吉亚

恺撒·博尔吉亚（1475—1507）出生于罗马，是红衣主教罗德里戈·博尔吉亚（1431—1503）的儿子，1489年开始在佩鲁贾大学学习法律，后在比萨大学获得法律学位。他父亲于1492年当选为教皇，即亚历山大六世，恺撒随之被任命为瓦伦西亚大主教，次年成为红衣主教。1497年，他的哥哥乔凡尼（甘迪亚公爵）被谋杀，许多人怀疑是恺撒所为，目的是独占父亲的关注。

1497年，恺撒作为教皇的使节前往那不勒斯，为阿拉贡的弗雷德里克加冕。次年，他申请解除自己的神职，教皇批准了他的请求。1499年，在法国国王路易十二世军队的帮助下，他在意大利北部的罗马涅取得一连串

① 马基雅维利认为应仿效古代城邦共和国，组建一支业余服役的部队。——译者注

上图：博尔吉亚的肖像画。1518年由意大利画家乔瓦尼·迪·卢特罗创作，画像名为《一位男子的肖像》。

的胜利，凯旋后从教皇父亲处获得了很多奖赏。

1500年，博尔吉亚涉嫌策划谋杀妹夫比斯切利公爵阿方索（1481—1500）。阿方索在圣彼得大教堂的台阶上遇袭，身受重伤，不过暂时保住了性命。他卧床养伤，一个月后再次遭遇谋杀，但是这次没能逃脱死亡的命运。

1500年10月，博尔吉亚返回罗马涅，占领了更多的城市。但法恩扎的人民忠于他们年仅18岁的领主——英俊的阿斯托雷·曼弗雷迪，他们顽强抵抗博尔吉亚的入侵。1501年，在博尔吉亚承诺不滥杀无辜后，阿斯托雷最终投降。博尔吉亚却将他送到罗马处决。他的残酷无情令整个意大利为之恐惧。曾经效力于他的一些王公和军队首领联合起来对抗他，还打赢了几场胜仗。但法国国王答应派来援兵，这些叛军最终也被击败了。

1503年，博尔吉亚回到罗马。他和父亲双双因高烧病倒。他的父亲于当年去世。博尔吉亚试图阻止他的敌人朱利安诺·德拉罗韦雷当选教皇，但无果，后者即教皇尤利乌斯二世。尤利乌斯二世要求博尔吉亚将侵占的领地归还教会，并逮捕了他，后来因让他安排投降、归还城堡等事宜而将其释放。在西班牙控制下的那不勒斯，他再次被捕，引渡回西班牙后被监禁。两年后（1506），他成功越狱，向其妹夫纳瓦拉国王约翰三世（1484—1516年在位）寻求庇护。1507年3月11日，一位叛乱的伯爵把持维亚纳城堡，博尔吉亚在围攻中被杀死。他死后最初安葬在维亚纳圣玛丽亚教堂的祭坛下。后来，据说卡拉奥拉主教来访时，发现博尔吉亚这位罪孽深重之人竟然能安葬于教堂，深感震惊和愤怒，于是将他迁往教堂以外未经圣化的地方。2007年3月11日，在恺撒·博尔吉亚去世500年后，他的遗体重新落葬于原教堂里。

宗教改革

在宗教改革运动之前，早在14世纪后期，英格兰的约翰·威克里夫已呼吁进行教会改革。他认为教皇实质上是反基督的，提出《圣经》才是最终的宗教权威，试图废除售卖赎罪券（购买这种券后可赦免罪罚），还质疑圣餐变体论（在圣餐中使用的面包和酒转变为基督的身体和鲜血）。威克里夫的追随者通常被称为罗拉德派，即使受到严厉的打击报复，他们仍坚持自己的信念。捷克神父扬·胡斯深受威克里夫的影响。1415年，他因秉持威克里夫的异端邪说，被绑在火刑柱上烧死。

威克里夫的追随者通常被称为罗拉德派，即使受到严厉的打击报复，他们仍坚持自己的信念。

接着，一位奥古斯丁派的修士终结了罗马天主教会对基督教的垄断地位，引发了长达数个世纪的宗教迫害和战争。 这位修士就是马丁·路德。据说，他在1517年将《九十五条论纲》钉在德国维滕贝格一个教堂的门上，开始了他对天主教的一系列批判。路德的原意只是抗议天主教行为不端，并无意另建一个独立的宗教门派。然而，到了16世纪中叶，反对天主教的人逐渐形成统一的宗教理念和派别，即新教。 路德的一系列变革最终

上图：一幅16世纪的德国印刷品，是路德教会对罗马天主教会售卖赎罪券的辛辣讽刺。

导致路德教会的建立，法国人约翰·加尔文的神学思想则成为长老教会的宗旨。

宗教改革的影响在英国尤为明显。罗马教会拒绝批准亨利八世与阿拉贡的凯瑟琳（1485—1536）离婚的请求，亨利八世就此与罗马教廷决裂。随后，亨利建立了英格兰教会，并宣布自己为教会的最高领袖。他拆毁了英格兰的天主教堂，迫害那些不承认他宗教领袖地位的人，甚至连他的大法官托马斯·莫尔都被斩首。这仅仅是天主教和新教冲突的开始。亨利的女儿玛丽一世（1553—1558年在位）试图用武力手段强行重建天主教。她曾将新教徒处以火刑。

天主教会在保罗三世时期发起了反宗教改革运动，对于那些最为尖锐的批评，天主教会也在内部进行了改革。他得到了诸如西班牙的依纳爵·罗耀拉等神父的大力支持，在反宗教改革运动的推动下，出现一些新的天主教门派，如耶稣会、乌尔苏拉会和嘉布遣会等。其他改革措施还包括惩治腐败的神职人员，增加神学院的数量以更好地培养神父，派遣更多的传教士至世界各地进行传教，抨击新教教义，制定了一个禁书的书单以制止宣扬新教理念著作的传播等。

下图：威克里夫临终前，天主教神父围聚在他的床前，希望他能收回那里离经叛道的言论，但他已无法说话。

威克里夫

约翰·威克里夫（1330—1384）出生于英格兰约克郡，1350年左右就读于牛津大学，次年成为神父。1361年，他获得牛津巴利奥尔学院的硕士学位。

1374年，政府将其派往比利时的布鲁日，与教皇的代表协商税务问题。同年，他成为莱斯特郡拉特沃思教区神父。

威克里夫在多个问题上与天主教会产生了分歧。他质疑圣餐变体论，批评教会通过贩卖赎罪券等手段聚敛财富，神职人员贪污腐败。他认为，教会规定《圣经》只能使用拉丁语，不过是为了保留宗教上的权威，因为绝大多数天主教徒不懂拉丁语。为此，教皇格里高利十一世陆续发出五道圣谕，斥责威克里夫。发表这些异端言论，威克里夫一直处在可能被捕的极大风险中，幸亏他拥有势力强大的朋友，加上运气不错，每次都能侥幸逃脱。1376—1378年，他担任兰开斯特公爵冈特的约翰（1340—1399年在位）的神学顾问。年轻的理查二世（1377—1399年在位）继位初期，兰开斯特公爵是英格兰实际的统治者。1376年，威克里夫接到召令，接受国王的委员会关于他信仰的审问；但当时正好爆发了动乱，委员会被取消了。

“作家”亨利八世

与罗马天主教会决裂前，亨利八世是其最强大的支持者之一。路德的《九十五条论纲》激怒了这位年轻的国王，作为回应，他用拉丁语撰写了一本3万字的书，书名为《述七圣礼斥马丁路德》。这是第一本由英国君主撰写的书，大受欢迎，发行了20个版本。学者们普遍认为，书中大部分内容都是亨利所写，尽管有些人认为他得到了来自托马斯·莫尔的大力相助。该书批评路德“无礼的诽谤行为”，捍卫了教皇的权威，维护婚姻的不可拆散性。1521年这本书出版后，教皇利奥十世（1513—1521年在位）授予亨利“信仰捍卫者”的称号。1534年，亨利与罗马教会决裂，成为英格兰教会的领袖，其封号被保罗三世褫夺。1544年，英国议会恢复其封号，并规定封号为亨利及后来的英国国王专用。

他开始对教会进行系统的攻击后，又被要求在伦敦接受另一项调查，但调查被国王母亲派来的大臣中断了。1380年，在威克里夫的推动下，《圣经》全本两度被翻译成英文。1382年，他经历了最为严厉的打击。上一年，英国发生农民起义，坎特伯雷大主教死亡。伦敦的黑衣修士理事会认为这次农民起义受到了威克里夫观点的影响， 因此他所有的著作被禁。祸不单行，他又罹患中风。两年后，第二次中风夺去了他的生命。

上图：在威克里夫推动下，英国出现了两个英文版本的《圣经》。图中是第一个英文版《马克福音》中的一页。

1415年，德国康斯坦茨教会理事会谴责威克里夫为异端。同年，该委员会裁定威克里夫的追随者扬·胡斯为异端，将其处以火刑。1428年，罗马教皇马丁五世下令将威克里夫的尸骨从墓中挖出，焚烧后再将骨灰撒到流经卢特沃斯的斯威夫特河中。威克里夫被称为“宗教改革的晨星”，他那些引发争议的观点，由他的追随者继承并传播。

扬·胡斯

扬·胡斯（1369—1415）出生于波希米亚（现在是捷克共和国的一部分）一个贫穷家庭，1390

年进入布拉格大学学习，1396年获得硕士学位，随后留校成为神学教授，1400年成为神父。1409年，他被任命为布拉格大学校长。受约翰·威克里夫影响，捷克教士扬·米利奇（1325—1374）开展宗教改革，胡斯也参与其中。

胡斯使用捷克语进行布道，他布道的地点布拉格的伯利恒教堂逐渐成为教会改革的集会点。他谴责神职人员的不端行为，呼吁神职人员将权力集中于宗教事务上，不应涉足世俗的权力，还要求将圣餐仪式中圣化的面包分发给基督徒。他主张神职人员恢复清贫生活的传统，于1412年出版了《对赎罪券的调查》一书，反对售卖赎罪券。

同年，胡斯因不服从大主教，被革除教籍。1414年，他被传唤至康斯坦茨会议。神圣罗马帝国皇帝西吉斯蒙德欺骗了胡斯，说即使他被判有罪，他的人身安全也能得到保障。会议责令胡斯摒弃他那些关于教会的言论，被胡斯拒绝。他坚称，罗马教皇并非上帝创造的，而是教会打造出来以便对教会进行管理的。1415年7月6日，胡斯被判为异端分子，绑到火刑柱上烧死。受刑前，胡斯头上戴着纸做的王冠，上面画有恶魔图像。

他又获得一次悔改的机会，但他再次拒绝放弃自己的主张。

这些迫害激起他的信徒胡斯派的愤怒。1419—1436年，胡斯派发动一系列起义，屡次击败教皇和

下图：捷克艺术家阿尔丰斯·慕夏于1916年创作的《扬·胡斯在伯利恒教堂讲道》。

波希米亚国王的盟军，最终控制了整个波希米亚地区。但胡斯党中的温和派与罗马教会进行谈判，与教会达成妥协后倒戈，镇压了派别中的极端分子。胡斯的其他追随者组成摩拉维亚派，摩拉维亚教会今天依然存在。

马丁·路德

下图：一位聆听了路德发言的学生深受触动，称赞他的内容清晰犀利，语调却平和从容。

马丁·路德（1483—1546）出生于神圣罗马帝国萨克森（现为德国）的埃斯莱本，父亲是铜矿主。1501年，他就读于爱尔福特大学，1505年获得硕士学位。接着，他加入修道院，1507年成为一位奥古斯丁修道院的修士。他先在爱尔福特大学深造，后前往维滕贝格大学任教，并于1512年成为神学博士。

1510年，路德作为数学家奥古斯丁修道院的代表，出访罗马教会。他发现教会竟如此明目张胆地贪污腐败，尤其是售卖赎罪券，大为震惊。1517年10月31日，路德在维滕贝格大学的教堂大门上张贴了《九十五条论纲》，

上图：这幅手工上色的木刻版画表现了1521年的沃尔姆斯会议上，马丁·路德在神圣罗马皇帝查理五世前受审的情景。

向当时最为强大的机构发出了质疑。有人称论纲针对的是美因茨大主教阿尔伯特，提出一系列的问题和主张，批评教皇行为不端，尤其是出售赎罪券的行为。路德称售卖赎罪券为“网罗人民财富的渔网”。当时教会决定通过售卖赎罪券筹集资金来翻新罗马的圣彼得大教堂，路德对此严加谴责，质问道：“教皇的财富比富可敌国的克拉苏斯[①]还多，

① 罗马共和国末期声名显赫的罗马首富。——译者注

为何不用自己的钱，却要搜刮贫穷信徒的钱修缮圣彼得大教堂呢？”（教皇庇护五世于1567年废除赎罪券。）

《九十五条论纲》还主张：《圣经》是唯一的宗教权威，而非教会，个人只要信仰上帝，加上上帝的恩典，即可获得救赎。这一主张与教会认为需通过行善获得救赎的观点相左。（直到20世纪60年代，教会才停止抵制这个观点。）

这些主张推动了宗教改革的发生。1518年，路德被传召至奥格斯堡接受审查。他与红衣主教托马斯·卡耶坦（1469—1534）进行了三天的辩论，但路德拒绝公开承认错误。1519—1520年，他出版了几本手册，其中包括《论基督教自由》和《论基督徒的自由》。路德的观点通过这些作品传播开来，产生了巨大的影响。1521年1月3日，教皇利奥十世宣布开除路德的教籍；4月17日，路德受命出席在德国召开的沃尔姆斯会议，在会上他再次拒绝放弃原有观点。查理五世宣布他为异端分子，下令焚毁他的著作。接下来的近一年，他藏身于艾森纳赫附近的瓦尔特堡城堡，1522年回到维滕贝格。路德反对神职人员独身制度。1525年，他娶了一位离开修会的修女凯瑟琳·冯·博拉，两人育有六个孩子。

1524—1526年的德国农民战争，其领导人正是以路德的思想为起义的基石。但路德并不支持这场战争，他因而也失去原有的一些拥护者。尽管对起义抱有同情，但路德谴责了起义者的行为和诉求，甚至认为当局镇压起义是正确的。1534年，路德出版了他翻译的德语版《圣经》。他认为德国人应该阅读用自己的语言书写的《圣经》，因此在瓦尔特堡城堡期间花费大量时间来翻译。他晚期的著作对犹太人、罗马教皇（他称教皇为“反基督”）和再洗礼派中极端的改革分子都提出了尖锐的批评。

路德教教义里继承了路德的思想，路德教也成为欧洲和北美的主要宗教教派，拥有超过7200万信徒，是仅次于浸信会的新教教派。

特殊的婚姻

马丁·路德的妻子凯瑟琳·冯·博拉（1499—1552）是尼姆森修道院的一位修女。她对修道院的生活逐渐产生不满，请求路德帮助她及其他几位修女逃离，这在当时可算是一种死罪，但路德答应出手相助。1523年4月4日，路德将她们藏在一批装运鲱鱼的空桶中逃了出来。当路德的朋友听说他打算与凯瑟琳结婚时，警告他这将会妨碍刚刚起步的宗教革命大业，路德却说这将“使教皇震怒，使天使大笑，使魔鬼哭泣”。他和凯瑟琳于1525年6月13日结婚，当时路德41岁，凯瑟琳26岁。两人定居在维滕贝格的布莱克卡莱斯特修道院中，共育有六个孩子。路德让凯瑟琳全权管理家庭和农场，在他看来：“再没有比美满的婚姻更可爱迷人、友善体贴的关系或陪伴了。”

左图：凯瑟琳·冯·博拉27岁时的肖像，1526年由大卢卡斯·克拉纳赫创作。

加尔文

约翰·加尔文（1509—1564）本名让·加尔文，出生于法国诺扬，父亲是当地主教的平信徒助手。他的父亲希望他将来能成为一名神父，于是在1523年，将14岁的加尔文送到巴黎大学，在那里他开始接触人文主义的学说。18岁时，他获得硕士学位，但这时父亲又希望他改学法律。年轻的加尔文因此前往奥尔良，1532年获得法学博士学位。同年，他出版了第一本著作，对古罗马的思想家塞涅卡的论文《论仁慈》进行了评论。

加尔文与大学的校长合作完成了一篇阐述宗教原则的演说词，言辞甚为激烈，由校长进行演讲。之后，当局搜查了他在巴黎的房间，他的著作被没收，由当局审查是否存在异端邪说。他逃回了诺扬，然后又到瑞士的巴塞尔。1536年，他在巴塞尔完成了《基督教要义》，吸引了大批读者；1539年加尔文对其进行了修订。随后，他分别于1543年、1550年和1559年出版了拉丁文版本，1545年和1560年出版了法语版本。

下图：加尔文主张服从有合法权威的人，但他呼吁抵抗那些反对新教宗教思想传播的领导人。

在信奉天主教的瑞士日内瓦镇，加尔文几乎每天都在讲道，但市议会拒绝接受他严苛的宗教方案，1538年将其驱逐出当地。他前往信奉新教的斯特拉斯堡，在此居留三年，其间对《圣经》各部经文撰写评述。他参加了许多国际宗教会议，成为著名的新教领袖。1541年，日内瓦的市议会召回加尔文，这一次他说服议会人员接受了《日内瓦教会宗教法令》，其中包括改革教会的政策。

加尔文接纳了大批涌入日内瓦的宗教难民，这些难民来自禁止新教的国家，大多来自法国，也有

上图：1559年，加尔文与议会官员商讨成立神学院事宜，该学院是日内瓦学院的前身。

一些来自其他欧洲国家。他建立学院，传授人文主义，将学生培养成神父和政府领导人。此时，在宗教改革中，加尔文已经成为在世的最具影响力的领导人。他在日内瓦度过了余生。为了避免追随者对他进行个人崇拜，他要求死后不要在墓地做任何标志。他的神学思想发展成加尔文主义，传遍欧洲、英国（特别是苏格兰教会）和北美。

托马斯·克兰麦

托马斯·克兰麦（1489—1556）生于诺丁汉郡，父亲是一位乡绅，1510年获得奖学金前往剑桥大学耶稣学院求学。克兰麦与一位酒馆老板的女儿

上图：1545年，德国艺术家盖拉赫·弗里克创作的克兰麦的肖像画。当时亨利八世在位，克兰麦在宗教上的影响力正处于鼎盛时期。

上图：这幅木刻版画展示了克兰麦在牛津镇殉道的情景，当时他正把手伸进烈火中。

结婚后中断了学业，后来他妻子死于难产。随后他重回大学继续学业，1523年接受圣职成为神父。为躲避瘟疫，他迁往埃塞克斯郡，在此遇到了同在附近拜访的亨利八世。亨利当时正打算与阿拉贡的凯瑟琳离婚，他说服克兰麦帮助他操作相关事宜，两人一致认为克兰麦是这份工作的最佳人选。1530年，他在罗马教会为亨利八世的离婚案进行了辩护，两年后成为亨利八世的大使，出使神圣罗马皇帝查理五世的宫廷。克兰麦随后被派往德国学习路德教的神学思想，在那结识了一位路德派拥护者的侄女，并与其结婚。

1533年，克兰麦被任命为坎特伯雷大主教。在教皇批准任命后（教皇当时对克兰麦的婚姻并不知情），克兰麦宣布亨利与阿拉贡的凯瑟琳的婚姻无效，四个月后，他批准亨利八世与安妮·博林（1507—1536）结婚。克兰麦支持将《圣经》翻译成英文，他1545年撰写了一篇连祷文，至今仍在教堂中使用。爱德华六世（1547—1553年在位）统治期间，他对教会的教义进行了修订。1549年，他还协助完成了《公祷书》。

爱德华六世去世后，克兰麦支持简·格雷（1537—1554）登基，但她的统治只维持了九天，随后天主教徒玛丽一世继位。玛丽一世以叛国罪审讯克兰麦，虽然后来克兰麦被迫公开宣布自己信仰新教是一个错误，但他仍然被判处死刑，于1556年3月21日在牛津执行。据说，克兰麦首先将右手伸进了烈火中，因为他用这只手签署了放弃新教信仰的悔过书。

依纳爵·罗耀拉

依纳爵·罗耀拉（1491—1556）本名因尼戈·德·罗耀拉，父母为巴斯克贵族，他是家中第13个孩子。1501年，他在国王费迪南德的财务大臣胡安·维拉兹奎·德·库埃拉（约1460—1517）处担任侍从。1517年，他加入军队，在潘普洛纳与法军作战，1521年5月20日腿部受伤后离开战场。养伤期间，罗耀拉读了信仰相关的书籍，深受触动，皈依了基督教。1522年，他退隐苦修，先到蒙特塞拉特的一家修道院，接着前往曼雷萨，最后到耶路撒冷朝圣。

罗耀拉于1528年进入巴黎大学学习神学和哲学，1534年获得文学硕士学位。在那里，他将自己的名字改成拉丁文的形式“Ignatius”，还参与了一个六人团队。1534年8月15日，六人宣誓要过清贫的生活，保持贞洁，献身上帝的神圣事业，前往耶路撒冷朝圣。六人中的方济各·沙勿略前往亚洲传教。罗耀拉和其他同伴于1537年6月24日在威尼斯领受了神职。

这趟耶路撒冷朝圣之旅后来未能成行。1538年，罗耀拉请求教皇保罗

上图：1538年，罗耀拉向教皇保罗三世提出建立耶稣会。

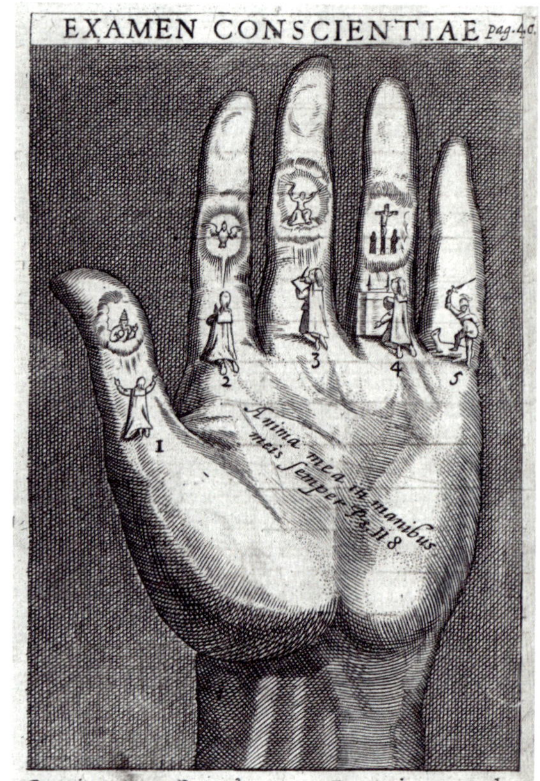

上图：1689年出版的罗耀拉名著《神操》中“自省”一节的插图。

三世允许他成立一个新的天主教修会——耶稣会。

1540年，罗马教皇颁发圣谕，批准罗耀拉建立耶稣会，并任命他为总会长，他一直在罗马担任该职务，直至逝世。耶稣会救济贫苦大众，建造医院，向世界各地派遣传教士。他们认为教育会加强天主教的复兴，因此还在欧洲各地成立大学。在罗耀拉的指示下，彼得·卡尼修斯（1521—1597）在意大利和西班牙建造了37所大学。卡尼修斯后来获得教会封圣。在耶稣会成立的同一年，罗耀拉出版了专著《神操》，书中阐述了祈祷、退省、默想等神修的方式，旨在帮助读者领会上帝在人生中的重要性。《会规》也是罗耀拉的著作，于1550年出版，该书回顾了耶稣会的发展历程，主张教徒绝对忠诚于教会，绝对服从教皇的命令。

1550年，罗耀拉提出耶稣会士的主要工作在于反对宗教改革。他制订的反宗教改革的策略包括吸引新教信徒重投天主教的门下、引导未受洗的人接受洗礼、光兴天主教的信仰、训练耶稣会士进行传教工作以及提供社会服务等。

1556年罗耀拉去世，当时耶稣会已经拥有了1000多名成员。1622年，罗马天主教堂将罗耀拉封为圣人。

1556年罗耀拉去世时，耶稣会已经拥有了1000多名成员。

约翰·诺克斯

约翰·诺克斯（约1514—1572）出生在苏格兰东南部哈丁顿附近，除此之外，人们对他的早期生活知之甚少。他曾在圣安德鲁斯大学攻读神学，但没获得硕士学位。1540年，他成为一名神父，三年后成为一名公证人。1545年，他在东洛锡安担任教职，在那里结识了在该地区讲道的苏格兰宗教改革领袖乔治·威沙特。诺克斯皈依了新教。1546年，威沙特被认定为异端分子，被处以火刑。诺克斯带着他的学生四处避难，最后与其他新教徒在圣安德鲁斯城堡躲藏了三个月。 在那里，其他人说服他传播宗教改革思想。

1447年，法国军队前来支援，与苏格兰军队一同攻占了城堡，俘获了诺克斯和其他人。后经英格兰上诉，他们被关押19个月后获释。诺克斯得到爱德华六世新教政府的大力支持，他被派往全国各地传道，宣讲宗教改革。但是1553年，罗马天主教徒玛丽·都铎成为英格兰女王。于是诺克斯逃到欧洲，担任德国美因河畔法兰克福和瑞士日内瓦英国新教难民的牧师。1555—1556年，他到访苏格兰，敦促新教徒反抗罗马天主教统治者。

回到日内瓦后，他撰写了两篇文章，一篇有关预定论，另一篇有关女性的“荒唐”统治。在这期间，英格兰女王玛丽一世去世，信奉新教的伊丽莎白一世（1558—1603年在位）继位。1559年，诺克斯得以回到爱丁堡传道，帮助振兴衰落的宗教改革。当时，苏格兰在政治上和法律上都独立于英格兰，有自己的统治君主，即信奉天主教的玛丽一世，历史上通常称之为“苏格兰女王玛丽”。彼时玛丽只有17岁，自幼居住在法国，苏格兰由摄政王代替玛丽进行统治。同年，诺克斯开始撰写他的五卷本著作《苏格兰宗教改革史》，于1566年成书。

法国插手干预苏格兰的政事，促使伊丽莎白与当地的新教信徒联合起来，最终令法国撤出苏格兰。1560年，诺克斯向苏格兰议会提交了他的《首本纪律手册》，概述了他关于改革教会组织的想法，这些提议成为苏格兰长老会的部分纲领，其中包括选举产生牧师和长老管理教众。

右图：伊丽莎白一世的肖像画，1588年左右由一位不知名的英国艺术家创作，以庆祝英国击败西班牙舰队。

身世悲惨的女王

伊丽莎白是英格兰最为强大、最受人爱戴的君主之一，考虑到伊丽莎白成长岁月中坎坷的经历，这真是一项了不起的功绩。伊丽莎白生于1533年，三岁前，父亲亨利八世就将母亲安妮·博林斩首，然后宣布伊丽莎白为私生女，没有资格继承王位，并且褫夺了她公主的头衔。她13岁时亨利八世去世，伊丽莎白与继母凯瑟琳·帕尔住在一起。1548年，凯瑟琳对丈夫托马斯·西摩与年少的伊丽莎白的关系感到担忧，于是将伊丽莎白送走。同年，凯瑟琳去世。西摩被指控图谋与伊丽莎白结婚，以及绑架伊丽莎白年仅十岁的异母兄弟爱德华六世，也被处死。爱德华于1553年去世，伊丽莎白的姐姐玛丽则成为英格兰女王。她将英格兰的宗教信仰改回天主教，处决了许多人，并将伊丽莎白囚禁在伦敦塔，随后又将她软禁起来。1558年玛丽去世后，伊丽莎白登基，时年25岁。

诺克斯于1572年逝世，去世前两年他罹患中风，之后一直未能完全康复。在他去世前几年，玛丽一世与他发生了数次冲突，最终女王于1561年从法国返回苏格兰。她与不妥协、不屈服的诺克斯在宗教改革上意见不合，互不退让，这充分说明她的回归只会加剧苏格兰天主教徒和新教徒之间日益紧张的关系。

第 7 章

灿烂的遗产

文艺复兴是古希腊和古罗马文化的重生，它致力于消除中世纪陈腐落后的迷信观念，给僵化的中世纪社会注入活力，解放受权威压制的个体，让他们获得思想自由，获得主动创造的能力。文艺复兴带给世界的改变是全方位的，其影响之大，让人无法想象。

简言之，文艺复兴时期人们找到了从事生产创造的更新、更好的方法。文艺复兴的人文主义思想展现了个人所蕴含的潜力。它首次将艺术、科学和哲学结合在一起，信息也首次传播到遥远的地方。经历文艺复兴后，欧洲恢复了生机，并最终促成了工业革命的产生，欧洲因而发展成数百年来主导全球的地区。这一时期，即使是目不识丁的人，也感受到了周遭翻天覆地的变化，包括出现更加民主的政府体制。各种进步互相推动，文艺复兴时期的变化日新月异，为现代世界的发展播下了希望的种子。

前页图：米开朗琪罗在西斯廷教堂顶创作的壁画享誉世界。壁画最初的底色是蓝色，上面还画有金色的星星。

文艺复兴时期的变革和进步给我们留下了不可

上图：位于美因茨的古腾堡博物馆。德国重建了古腾堡的作坊，馆内藏有古老的印刷机，还有两本古腾堡印刷的《圣经》。

磨灭的印记。如今绘画等艺术创作中的现实主义及透视手法都可以追溯到乔托、布鲁内莱斯基、丢勒这些文艺复兴时期的艺术家。今天解剖和外科方面的知识源于达·芬奇、米开朗琪罗和鲁本斯等艺术家当年进行的解剖。达·芬奇还首次设计了直升机、潜水艇和降落伞。如今的复式簿记由卢卡·帕乔利开创。哥白尼、伽利略等天文学家使我们第一次认识到地球在太阳系中的真正位置。现代图书馆里浩如烟海的藏书要归功于古腾堡发明的活字印刷机器，以及用本国语言创作的文学巨匠但丁、薄伽丘、塞万提斯和乔叟。文艺复兴时期的音乐更富于张力和戏剧性，最终创造出歌剧这一艺术形式。由于哥伦布、麦哲伦和德雷克等探险家无畏的航海探险，许多新的国家得以建立，美洲的名字更是来自探险家亚美利哥·维斯普西。马丁·路德发起的宗教改革催生了一系列新的宗教门派，包括路德宗、长老会、英国国教和圣公会教派等。

高尚的艺术

文艺复兴提升了艺术家的职业性和社会地位。此前，人们只是把艺术家看作一种手工匠人，但是许多像美第奇家族这样有权有势的王公贵族都热衷于充当艺术赞助人，他们帮助艺术家赢得了尊敬和名望。艺术家的作品既称颂上帝，也赞美人类。艺术家们获得委托，创作大型壁画以装饰市政厅，展现城镇的风采，同时也使艺术走进普罗大众的生活。

古典雕像及建筑风格在文艺复兴时期得到复兴，艺术家创造出许多令人叹为观止的建筑、纪念碑以及雕塑作品，成为城邦财富和权力的视觉象征。这些作品也为建筑师和雕塑家赢得了公众的尊敬，他们的名字在意大利广为人知。

爱德华·马奈

马奈（1832—1883）深受文艺复兴时期画家的影响，尤其是提香。他出生于巴黎，父亲是一位高级法官。从1850年开始，他在法国托马斯·库图尔（1815—1879）的工作室接受了六年的训练，同时在卢浮宫临摹大师的画作。库图尔热爱威尼斯画派的作品。马奈在1853年前往威尼斯，1857年又到了佛罗伦萨。在这里，他临摹了提香的《乌尔比诺的维纳斯》，后来将这幅画作的一些手法，如丰富的色彩运用，融合到他著名但颇具争议的裸体画作《奥林匹亚》（1863）中。同年，马奈又创作了另一幅印象主义的杰作《草

下图：成名前的许多年，马奈一直遭受批评，是当时最具争议的艺术家之一。

马奈遇见莫奈

马奈与莫奈的交往始于一个乌龙事件。马奈曾抱怨说，“到底谁是莫奈，和我的名字仅一字之差，是谁在沾我的光？”1865年，在巴黎官方艺术沙龙展上，人们纷纷向马奈祝贺他的海景画大获成功，而画的实际作者却是比马奈小九岁的莫奈。马奈有些恼火，嘟囔说：“是哪个家伙卑鄙地模仿我的画？”不过，两人认识后却互相赞美对方的作品，成为要好的朋友。1874年，马奈还为莫奈一家创作了画像。从这幅画像可以看出，在

下图：1874年，莫奈住在巴黎附近的阿让特伊，马奈绘制了这幅《莫奈在船上的画室创作》。

莫奈的影响下，马奈的作品展现出更为强烈的印象主义风格，虽然马奈拒绝参加印象派画展。在马奈创作莫奈的家庭画像时，旁边的艺术家奥古斯特·雷诺阿（1841—1919）也开始自己的创作，这让马奈大为光火。马奈对莫奈说："他没有天赋，他是你的朋友，你应该告诉他不要画画了。"

地上的午餐》，画中的主体也是一位裸女。《草地上的午餐》可谓是现代版的提香的《草地音乐会》。马奈这幅画受到巴黎官方沙龙展的排斥，但是入选了落选者沙龙，这个沙龙专门展出没有入选官方沙龙展览的画作。

马奈也从文艺复兴时期其他艺术家的作品中寻找灵感。他的《受嘲弄的耶稣》（1865）受到提

左图：马奈的画作《草地上的午餐》，因太过惊世骇俗，不被巴黎沙龙展接受。

右图：提香的《田园音乐会》创作于1509年左右，马奈的《草地上的午餐》以此为灵感。

香的《戴荆冠的基督》以及安托内罗·达·梅西那的《天使哀悼基督》这两幅画的影响。安托内罗是一位活跃在威尼斯的西西里画家。马奈的《阳台》（1868—1869）则深受威尼斯画家维托雷·卡尔帕乔的《两位威尼斯女士》的影响。

1874年，马奈再次来到了威尼斯。1881年，他获得了法国荣誉军团勋章。

颇受争议的裸体画

马奈创作的裸体形象震惊了大众。在《奥林匹亚》中，一位裸女斜躺着，姿势慵懒；在《草地上的午餐》里，西装革履的男性围绕着一位姿态随意放松的裸女。中世纪的绘画禁止出现裸体形象，但是文艺复兴时期的艺术家恢复古典作品中的裸体形象时，几乎没有引发任何争议。达·芬奇著名的素描画作《维特鲁威人》（约1490）用的是男性裸体形象；安东尼奥·波拉尤奥罗（约1470—1495）的雕刻作品《裸体之战》中有10个裸体男性的形象。裸体形象甚至出现在宗教画作中，例如马萨乔的《逐出乐园》（1425—1428），以及丢勒的《亚当和夏娃》（1504）。在纪念英雄人物的作品中，也有很多裸体的形象。美第奇家族委托多纳泰罗创作的青铜像《大卫》（约1440），是自古希腊以来第一尊站立的大型男性裸体雕像。米开朗琪罗创作的大型大理石雕像《大卫》（1502—1504）也是早期表现《圣经》英雄的裸体雕像。《大卫》如今放置于佛罗伦萨，离它不远的是青铜裸体雕像《珀尔修斯》（1545—1554），这位神话英雄正高举着被砍掉的美杜莎的头。这尊雕像是科西莫·德·梅第奇委托本韦努托·切利尼创作的。

文艺复兴时期的艺术家也使用裸体形象来创作人文主义作品，逼真地展现了世俗生活中的题材，如丢勒的画作《裸体的家庭主妇》（1493）和《镜

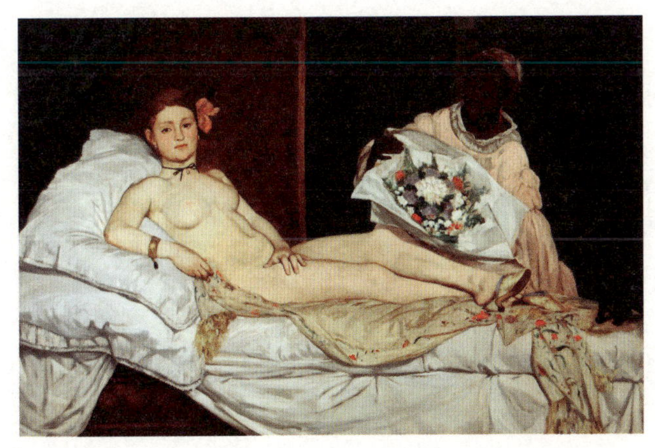

左图：马奈的《奥林匹亚》被认为有伤风化，因为作品中使用的现实主义手法创作的人物并不是古典作品中完美的裸体形象。

上图：弗雷德里克·莱顿的雕塑作品《与巨蟒角力的运动员》，他是英国“新雕塑运动”的先驱。

子与赤裸男人》（约1512）。后来的艺术家延续了这种手法，伦勃朗跳出古典艺术的窠臼，他笔下的裸女多以肥胖、年老的形象出现，颇具争议性，如《沐浴中的戴安娜》（约1631）和《克莉奥帕特拉裸体像习作》（1637），后者展示了一位普通女性的形象，有一条蛇缠在她的右腿上。乔治·鲁奥（1871—1958）的作品中沿用了这种扭曲丑陋的形体，如他的《镜前裸妇》（约1924—1927）。让人意外的是，奥古斯特·罗丹的雕塑也表现了衰老的裸体形象，如一尊名字怪异的雕塑《她是头盔匠那曾经美丽的妻子》（1887）。

在维多利亚时代，艺术中的裸体形象引发了争议。当时有些艺术家采用文艺复兴时期的创作理念，以古典题材为中心，突出了古希腊艺术中完美但不引发情欲联想的人体形象。这些艺术家得到了维多利亚女王和阿尔伯特王子的支持，他们都是裸体艺术的赞助人。有一部分艺术家创作的是“颇具感官刺激的裸体”，例如弗雷德里克·莱顿勋爵（1830—1896）的雕像作品《与巨蟒角力的运动员》（1877）。这种动态的裸体形象引起了宗教道德团体的强烈抗议，他们认为这些形象会诱惑人堕落。还有一些艺术家喜欢表现普通人的裸体形象。文森特·凡·高（1853—1890）的作品《悲伤》（1882）中的裸体形象是一位悲伤的孕妇。卢西安·弗洛伊德

这种动态的裸体形象引起了宗教道德团体的强烈抗议。

（1922—2011）在《安娜贝尔》（1990）中描绘了怪诞奇异的裸体，在《靠着狮子挂毯的酣梦》（1995—1996）中则展现了一位肥胖女性的裸体。

20世纪，许多艺术家笔下的裸体形象开始抽象化，变得面目模糊。这些艺术家有亨利·马蒂斯（1869—1954）和帕勃罗·毕加索（1881—1973），以及雕塑家亨利·摩尔（1898—1986）和芭芭拉·赫普沃斯（1903—1975）等。

下图：1951年，受英国艺术节的委托，亨利·摩尔正在工作室创作一尊雕塑。

亨利·摩尔

亨利·摩尔出生于约克郡的卡斯尔福德，在家里八个孩子中排行第七，父亲是一名煤矿工人。11岁时，摩尔在主日学校[①]里接触到米开朗琪罗的作品后，决心成为一名雕塑家。

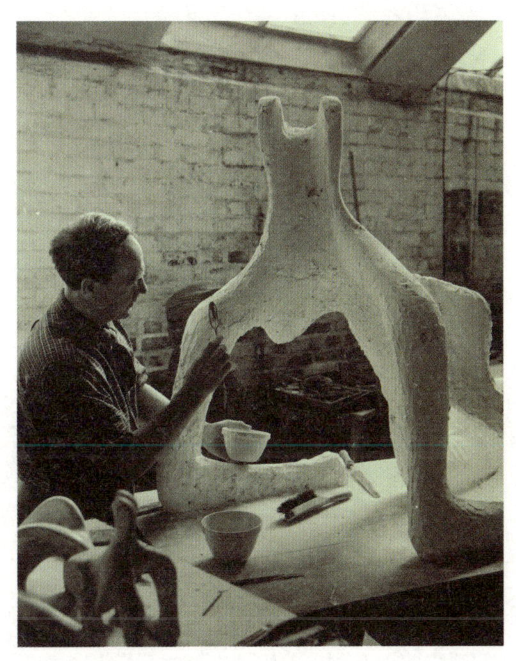

摩尔参加了第一次世界大战。1917年在他在毒气战中负伤，康复后，成为一名军事教官。1919年，他在利兹艺术学院学习，在那里遇到了芭芭拉·赫普沃思，她后来也转向创作抽象的人物形象，两人成

① 译为星期日学校，在星期日为青少年进行宗教教育和识字教育的免费学校。——译者注

令人震撼的艺术之旅

1924年，亨利·摩尔获得皇家艺术学院文凭，学校奖励他一笔奖学金，让他前往意大利对文艺复兴时期的艺术进行为期六个月的研究。次年，他访问热那亚、比萨、阿西西和帕多瓦等地，在观看了诸多伟大艺术家的作品后，继续前往罗马参观米开朗琪罗在西斯廷教堂里的壁画。摩尔说，这段亲身感受伟大艺术作品的经历，给他带来无与伦比的精神震撼。

1947年，在回忆这段旅途时，他说道："回国后大概有半年的时间，我体验到了前所未有的痛苦。我在六个月的旅途中接触到的那些欧洲艺术大师的作品，与我之前的艺术理想产生巨大的冲突。我似乎无法摆脱这些作品带给我的冲击和新的灵感，但要运用这些灵感，我就得否定我之前深信的那些艺术理念。我发现自己陷入了一种绝望的处境，完全无法进行创作。"

为终生的挚友。1921年，摩尔获得奖学金并进入伦敦皇家艺术学院学习，开始以青铜和石头为材料创作超现实主义作品，这些作品多具有抽象的人物形象。他后来说道："所有的艺术都应该有一定的神秘性，要对观众提出要求。人人都认为他或她看到了（艺术），但他们并没有。"1925年，摩尔前往意大利观看文艺复兴时期的艺术，令他眼界大开。

摩尔的雕塑形象圆润丰满，逼真地表现了人体的特征。他创作了斜卧的裸体系列作品，包括《斜倚像》（1929）和《斜倚裸体像》（1950）。他也创作了许多抽象画作，如《站立的人物》（1940），他称这些作品主要是为雕塑家带来灵感。第二次世界大战期间，他接受委托，创作《在避难所内睡觉的人像习作》（1941）等战时系列绘画作品，描绘了伦敦人民在地铁站内躲避大轰炸的情景。摩尔的工作室在战时被炸毁，之后他搬到赫特福德郡的乡下，创作了许多以母子为题材的作品。

20世纪50年代起，摩尔开始进行户外雕塑的创作，如1951年为英国艺术节创作的《斜卧像：节日》，在2012年以1910万英镑的价格售出。其他作品还有为伦敦议会广场创作的《刀锋两件组雕》（1962）和为纽约哥伦比亚大学创作的《斜卧像》（1969—1970）。摩尔晚年创作了许多系列版画，比如《巨石阵》（1972）。20世纪70年代末，每年有40多个展览展出摩尔的作品。

样式主义艺术

文艺复兴时期的画家开创了一种新的艺术风格——样式主义，“Mannerism”这个英文单词来源于意大利语的“maniera”，意为“方式”。这种艺术风格不同于古典艺术和现实主义风格，让艺术家能创作出个性鲜明、想象奇特的作品。这种艺术手法融高雅与怪异于一体，画作中人物的肢体往往被拉长，姿态刻意造作。

帕米贾尼诺创作的《圣母子与天使》（1534）体现出鲜明的样式主义风格。这幅画也被称为《长颈圣母》，此外画中躺于圣母腿上的婴儿耶稣比例过大，似乎随时会从腿上滑落。另外一幅样式主义经典作品是布龙齐诺（1503—1572）的《维纳斯和丘比特的寓言》（约1545），画中丘比特和维纳斯的形象充满爱欲的意味，画作还描绘了一个长着翅膀的老人和一个撒着玫瑰、脚踩荆棘的男孩儿。样式主义风格的雕塑作品有本韦努托·切利尼的《塞里尼盐瓶》（1543），是一件镀金作品，表现了海王尼普顿和一个裸体女子面对面斜躺着的形象。

样式主义风格从16世纪20年代持续至90年代左右，当时巴洛克风格开始形成。此后公众开始将样式主义视为一种颓废的艺术风格，逐渐失去大众的青睐。直到20世纪，样式主义以其戏剧性的效果、敢于开拓的先锋性质，又重新引起人们的关注。一些评论家认为样式主义最契合现代社会中对创意的追求。2010年，艺术评论家彼得·施杰尔达写道：“我们现在的

上图：为法国国王弗朗西斯一世创作的雕像作品《塞里尼盐瓶》，其雕塑的模型多年前就已准备妥当。

艺术风格主要是样式主义，创作关于艺术的艺术，为了风格而追求风格。”有些人把当代艺术称为“后现代样式主义”。另外，就像文艺复兴时期的艺术观众对样式主义不屑一顾一样，现代观众同样也对“现代艺术”嗤之以鼻。

帕米贾尼诺

帕米贾尼诺（1503—1540）出生于帕尔马，原名为吉罗拉莫·弗朗西斯科·玛丽亚·马佐拉。他受到了同样来自帕尔马的科雷乔的影响。1522—1523年，帕米贾尼诺为帕尔马的圣若望福音教堂的两个分堂绘制壁画，而科雷乔则负责教堂穹顶上的壁画。

1524年，帕米贾尼诺前往罗马，三年后，他开始创作《圣杰罗姆的愿景》。后来罗马遭到神圣罗马帝国皇帝查理五世军队的洗劫，他的创作只能中断。他逃到了博洛尼亚，在那里创作出杰作《圣母玛利亚与圣玛格丽特及其他圣徒》。他也是一位著名的肖像画家，其著名作品有《吉安·加莱亚佐·桑维塔莱肖像》（1524）和《年轻女子安塔的肖像》（约1535—1537）。

帕米贾尼诺开创了一种颇具影响力的样式主义风格。他创作的人物形象优雅中又带着肉欲的美感，人物身体修长，姿态扭曲怪异。帕米贾尼诺也在绘画作品使用当时流行的蚀刻手法。1531年，他返回帕尔玛定居，1534年创作了《圣母子与天

左图：帕米贾尼诺总是被扭曲的形象所吸引。1524年他21岁时，对着凸面镜创作了这幅自画像。

右图：帕米贾尼诺未完成的杰作《圣母子与天使》（《长颈圣母》）。

使》，又名《长颈圣母》。后来，他签订合约，为圣母百花大教堂的拱顶绘制壁画，但他没有如期完工，因违反合同遭到监禁。

影响深远的建筑

文艺复兴时期最为知名、使用最为广泛的建

筑风格是罗马式凯旋门，多立克、爱奥尼克和科林斯则是最为常用的三种屋柱样式，它们都来源于古希腊建筑风格。文艺复兴时期的建筑师安德烈·帕拉蒂奥对后世的建筑师影响最为深远，他被称为历史上“被模仿最多的建筑师”。美国总统托马斯·杰斐逊（1753—1826）是一位业余建筑师，1816年，他称帕拉蒂奥为集建筑之大成者，并将他的《建筑四书》（1570）尊为建筑界的“圣经”，认为“不仅应当人手一册，还要严格遵守书中的原则”。1715—1760年，这一时期是英国的乔治王朝时代和美国的殖民时期，帕拉蒂奥式建筑在两地风行一时。这种建筑外观朴素，强调比例，多用科林斯柱，但内部装饰华丽。

帕拉蒂奥

安德烈·帕拉蒂奥（1508—1580）出生在意大利北部的帕多瓦，原名

艺术剽窃

文艺复兴时期一些著名艺术家创造了新的艺术技法，而且他们很快看到这些技法给当时社会带来的影响。艺术家将这些技法传授给助手后，指派他们去完成各类工作。但是艺术家无法对透视法、明暗处理等创新手法加以保护，因而社会上逐渐有传言说，其他不知名的艺术家复制了著名艺术家的作品，并且达到以假乱真的程度。

阿尔布雷特·丢勒极力谴责这种艺术剽窃行为。1511年，他写道：“当心，你们这伙嫉妒他人作品和创造的贼，请你们这些思想贫乏的不法之徒，不要染指我们的作品。”不仅如此，他还发起了第一个有关艺术知识产权的诉讼。他在威尼斯起诉版画家马尔坎托尼奥·雷蒙迪（1480—1534），但陪审团却判雷蒙迪胜诉，因为他对原作做了些小变动。

安德烈·迪·皮埃罗·德拉贡古拉，后来搬到附近的维琴察，13岁时成为一位石匠的学徒。后来，他为人文主义学者和诗人吉安·乔治·特里西诺（1478—1550）建造别墅。1528—1539年，帕拉蒂奥担任特里西诺的助手，并得到他的指点。特里西诺将他一首诗中的一位守护天使的名字帕拉蒂奥给了这位助手。

1541年和1547年，特里西诺把帕拉蒂奥带到罗马，使他能亲见古罗马建筑遗貌。后来帕拉蒂奥开始为贵族设计别墅，渐渐打响了名气。他设计的别墅带有教堂中常见的古典风格的柱廊，柱廊上有立柱，与周围的空间构成门廊。帕拉蒂奥虽然拿不出什么证据，但他认定既然希腊的帕特农神庙有门廊，那么古代的房子可能也有。

上图：帕拉蒂奥欣赏古希腊和古罗马的纪念碑、建筑等传达出的和谐与庄重，这些效果都是基于精确的测量。

1546年，帕拉蒂奥接受委托重建维琴察的市政厅。这项工作一直持续到1617年，重建后的市政厅被称为巴西利卡大教堂。1554—1556年，帕拉蒂奥回到罗马生活，其间撰写了《罗马古迹》一书，成为数个世纪里罗马的城市指南。

帕拉蒂奥认为，罗马建筑师维特鲁威对他的影响最大。公元前27年左右，维特鲁威撰写了以希腊设计风格为主的《论建筑》一书。帕拉蒂奥以罗马建筑为基础，制定出能够获得完美几何结构的设计原则，他认为无论是建造宏伟的建筑还是普通住宅，这些原则都适用。1570年，他完成名著《建筑四书》，总结了古典建筑的设计原则。之后他主要将精力放在威尼斯几座教堂的建造上。

最早受到帕拉蒂奥影响的英国建筑师是17世纪的伊尼哥·琼斯（1573—1652）。18世纪，继奢华的巴洛克风格之后，帕拉蒂奥式建筑风格得到复兴。这类风格的建筑遍布世界各地，比如1868年竣工的美国国会大厦。如今，帕拉蒂奥建筑依然沿用

下图：意大利威尼托的戈第·马林威别墅，建于1537—1542年。这是帕拉蒂奥建造的第一座别墅，设有中央步梯。

帕拉蒂奥制定的设计原则，比如位于北爱尔兰贝尔法斯特的斯托蒙特议会大楼。这座1934年竣工的大楼拥有对称的前门和中央门廊。这种设计在美国尤其受欢迎，比如2005年在北卡罗来纳州八字岛上建造的查兹沃斯学院。

科学的光辉

可以说，古腾堡活字印刷机是文艺复兴时期最重要的发明，有了这项发明，新思想和新艺术才能够传播到遥远的地方，文艺复兴才能永葆生命力。20世纪末，活字印刷术仍应用于许多报纸和图书的印刷。活字最初用手工捡排；莱诺铸排机发明后，使用键盘操作，可将铅合金活字自动捡排，再铸成

下图：2002年建造的科尼利斯·范·德雷布尔潜艇的复制品，现存放于汉普郡戈斯波特的皇家海军潜艇博物馆。

一行铅字条。我们今天使用的斜体字也是文艺复兴的发明。威尼斯印刷出版商阿尔都斯·马努蒂乌斯（1449—1515）在1500年首次在印刷中使用斜体字。

达·芬奇留下了数量惊人的发明或创意，后来陆续实现。2000年，英国跳伞运动员阿德里安·尼古拉斯根据达·芬奇的设计草图制造的降落伞试验成功。他感叹道："这款降落伞由世界上最聪明的头脑设计出来，却花了500年的时间才由一个不太聪明的人将它实现。"17世纪20年代，丹麦发明家科尼利斯·范·德雷布尔将达·芬奇潜水艇设想变为现实。他的水下皮革潜水服设计启发了法国海底探险家雅克-伊夫·库斯托（1910—1997）和爱米尔·加尼安（1900—1979），两人在20世纪40年代发明了水肺。2003年，水下纪录片制片人杰奎·科岑斯使用的潜水服也来自达·芬奇的设计。

达·芬奇的军事设想也具有重大参考价值。他设计的装甲车后来演化为坦克，他设计的机枪经过改良后在美国内战期间用于战场。1495年，他还发明了一个机器人骑士，机器人穿的盔甲可以通过转动齿轮来活动。2002年，NASA机器人设计师马克·罗斯海姆使用达·芬奇的设计稿成功复制出这个机器人。

达·芬奇的军事设想也具有重大参考价值。他设计的装甲车后来演化为坦克。

除达·芬奇外，其他文艺复兴时期的发明家也提出了一些切实可行的想法。1643年，意大利物理学家和数学家埃万杰利斯塔·托里拆利（1608—1647）受伽利略的启发，发明了气压计，至今仍在使用。现代温度计也是基于伽利略的测温仪设计，这个设计包括一个装满水的管子，管内有一个玻璃球，玻璃球随着温度的变化上下移动。1704年，波兰裔荷兰物理学家丹尼尔·加布里埃尔·华伦海特（1686—1736）用酒精取代温度计里的水，1714年又用水银取代酒精，设计出现代温度计。1450年，为测量风速，莱昂·巴蒂斯塔·阿尔伯蒂发明了风速计，这个风速计有一个圆

右图：在温度计改用水银之前，托里拆利设计了一个10米高的水气压计，比他房子的屋顶还高。

盘，可以根据风力的大小改变角度。后来，这项发明由达·芬奇和17世纪的英国科学家罗伯特·胡克（1635—1703）进行了改良。胡克还发明了一种用来测量空气湿度的陀螺仪。

医学的进步

安德烈·维萨里出生于布鲁塞尔，是帕多瓦大学的教授，很多人认为他的思想是现代医学史上的里程碑。他建立了解剖学和外科学两大医学专业。1543年，他的七卷本巨著《人体的构造》出版，这本书对心血管解剖有独特的见解，建立了现代解剖学。上课时，他会让学生站在身旁观看他解剖。米开朗琪罗和达·芬奇等许多文艺复兴时期的艺术家都通过解剖来提高艺术水平，这也无意中增加了人们对人体解剖的了解。文艺复兴时期的医生还开创了不少医学学科，帕拉塞尔苏斯是毒理学之父，吉罗拉摩·法兰卡斯特罗开创了病理学，安布罗斯·帕雷创立了法医病理学。一些医生则努力破除民间关于医学的谬误。1577年，劳伦特·朱伯特的《常见错误》一书出版，书中纠正了一些错误的性生理知识，引发了巨大的争议。

上图：维萨里与艺术家合作，为他的解剖学著作绘制精确的解剖图，这本著作让当时的医生对古代治疗方法产生了怀疑。

帕雷

安布列斯·帕雷（1510—1590）出生于法国布尔格-赫森特，1533年移居巴黎，成为一名理发匠兼外科医生的学徒，同时在著名的主宫医院接受医学培训。他获准旁听巴黎大学的医学课程，但上课使用的语言是拉丁文，他不懂这门语言。1537年帕雷参军入伍，其间发明了一种新的治疗伤口的方法。他用松节油、蛋黄和玫瑰油制成的舒缓药膏，代替当时常见的沸油冲烫伤口的做法。此外，在进行截肢手术时，他放弃传统的烙铁止血法，采用了动脉结扎法止血。

1545年，帕雷在巴黎学习解剖；1552年成为亨利二世（1547—1559年在位）的外科医生。此后他

上图：帕雷谈到战争时说："我恳求胜利之神，不要再让我们参与带来如此深重灾难的战争。"

继续担任法国国王的外科医生，曾服务过弗朗西斯二世（1559—1560）、查理九世（1560—1574）和亨利三世（1574—1589）。

帕雷希望能在手术中用一种温和的方式，使患者避免忍受极度的疼痛（当时人们认为手术需要忍痛），从而改善治疗效果。他是首位用法语代替拉丁语写作，以及首位记录外科手术的医生。他的著作传播了一种新的治疗理念：让病人在治疗时承受最少的疼痛，身体组织承受最小的损伤。他改进了植牙和安装假肢的方法，并且发明了用瓷釉玻璃、金、银和瓷器等材质制作义眼的方法。

帕雷在巴黎做外科医生之前，曾做了30年的军医，其间照料病人和穷人，1575年出版了《帕雷全集》。他被称为"现代外科和法医病理学之父"，曾指出："外科手术有五项职责：割除赘生物、骨折复位、分开错长部位、修复创伤及矫正畸形。"

劳伦·朱伯特

劳伦·朱伯特（1529—1582）出生于法国中南部多菲内省，家中有20个孩子，他排行第十。21岁时，朱伯特在蒙彼利埃大学学习医学，师从著名解剖学家纪尧姆·朗德莱特（1507—1566）。1558年获得博士学位。朗德莱特去世后，在学生要求下，朱伯特成为医学院的校长。凯瑟琳·德·美第奇后来任命朱伯特担任她的医生。此外，他还担任过法国三位国王的御医。

朱伯特用法语和拉丁语撰写了几本医学著作。其中最具影响力、最具争议的是《常见错误》。这本书一共有19个版本，第一个版本于1577年出版。该书的写作目的是纠正常见的医学误解和偏见，如男孩儿在满月时出生，女孩儿在新月时出生等。当时人们认为妇女分娩时应该把丈夫的帽子放在肚子上，朱伯特对这个观点提出质疑。他还提出一个与众不同的建议，认为女性在分娩时应该站着，因为这种姿势可以让孩子的体重帮助分娩。这本书最令人震惊的是与女性性生理相关的内容。例如他驳斥了在女性月经期间发生性关系可以治疗不孕的观点。他认为这个时候不可能怀孕，“这就是为何应该摈弃这种不洁的做法”。这部著作被指责有伤风化，但因为书中讨论了女性生育等问题，还是为朱伯特赢得了尊敬。后来亨利三世召他前往巴黎，诊治王后的不孕症。

下图：朱伯特的著作《常见错误》还讨论了睡眠、空气、食欲以及合理饮食等问题。这本专著他原计划写30卷。

1582年10月21日，一个风

雨交加的夜晚，朱伯特在前往蒙彼利埃附近的一个村庄诊治病人时，不幸于途中去世。

地理大发现

文艺复兴时期的探险家们英勇无畏地展开航海探索，为欧洲人打开了通向新大陆的大门。欧洲人与新大陆的原住民交换产品、文化和信息，这个过程史称“哥伦布大交换”。哥伦布、麦哲伦、库克、德雷克、维斯普西、迪亚士、科尔特斯、皮萨罗、卡伯特、达·伽马等众多探险家开创了探险和航海大发现时代，改变了世界地理版图。探险家们以大无畏的精神踏上征程，向着未知领域进发，建

下图：16世纪80年代后期乔瓦尼·斯特拉达诺创作的颇具寓意的画作，表现维斯普西遇见新大陆的情景。

立居留点、殖民地和新国家；同时也征服和奴役当地原住民，给当地带来疾病。对新大陆的竞争不可避免地引发了战争，世界地图一再改版，大英帝国不断扩大的疆域充分说明了这一点。

后来的探险家也得益于航海先驱们积累的经验，比如出现磁罗盘和航海图等新的航海设备。传承下来的还有长途航行的经验，包括船只类型的选择和食物的储备等。

威廉·杨孙

17世纪初，荷兰与葡萄牙、西班牙和英国争夺东印度群岛（现在的印度尼西亚）的控制权，威廉·杨孙（1570—1630）是荷属东印度公司旗下一条船的船长。杨孙来自阿姆斯特丹，是一位探险家。1606年，他成为首个发现澳大利亚并绘制其北

下图：一幅早期新荷兰（即现在的澳大利亚）和新西兰的地图，根据17世纪荷兰探险家的探索成果绘制。

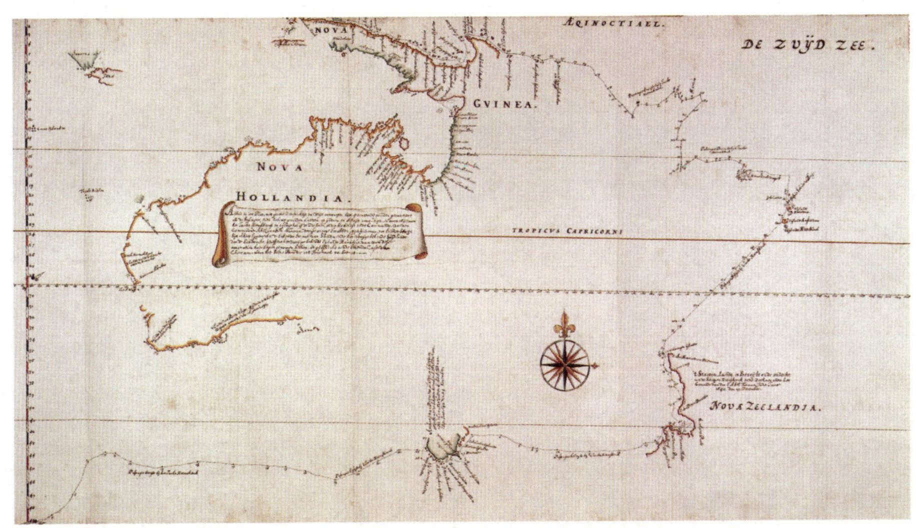

军舰上的大炮

文艺复兴时期，大炮开始出现在战舰上，数百年来的海战发生了变化。1338年的阿内穆丁战役，是历史上首次记录使用大炮的战役，这是英法百年战争的揭幕海战。英国军舰“克里斯托弗”号载有三门大炮。虽然拥有一支小型的海上炮兵部队，战争却以英国舰队失败告终。

随着更多的军舰配备大炮，海战不再依赖撞击敌船、登上对方军舰搏击等作战手段。有了大炮，军舰可以远距离向敌军开火，甚至可以袭击陆地目标。船炮甚至比陆炮更容易运送至预定攻击点，毕竟用船运输更方便，而陆炮却可能要顶着恶劣天气，跨越崎岖的地形，才能运至战场。船炮的缺点是发射时会产生后坐力。后来人们将大炮装上车轮，再将车轮固定在甲板上，于是这个问题得到了解决。另一个问题是当战舰被敌军炮弹击中后，飞溅的碎片会带来危险。15世纪末发明步枪之后，军舰火力也随之增强。1805年特拉法尔加战役中，一名神枪手射杀了英国海军上将尼尔森勋爵。此役中最大的军舰可运载100门大炮。

海岸地图的欧洲人。

1605年，杨孙的船“杜伊夫根”号（意为“小鸽子”）受命出海，前往新几内亚，寻找传说中的大批金矿。他先沿着新几内亚岛西海岸航行，之后一直往前，于1606年2月26日抵达今天的澳大利亚昆士兰海岸，这是欧洲人登陆澳大利亚大陆最早的记载。在陆地探险中，杨孙的10名船员被当地人杀害。后来他绘制了大约320千米的海岸线地图，将当地误认为新几内亚的一部分。1611年他回到荷兰，这个错误就此在荷兰地图上存在多年，后来的航海家使用的也是他绘制的这张海岸地图。直到一个世纪之后，英国航海家詹姆斯·库克（1728—1779）才绘制出更为精

上图：大炮可能会对船员造成危险。大炮重量增加后，其装置地点位于低层的甲板上，通过船上的炮门开火。

确的澳大利亚海岸线图。

后来，杨孙被任命为荷兰海军上将，1619年他俘获了英国东印度公司的四艘船，为此获得了一连串的荣誉。1629年，他担任一支舰队的上将，带领七艘船对印度进行外交访问。

不朽的文学

文艺复兴时期留下了许多不朽的文学财富。今天的读者依然可以欣赏到但丁、乔叟、塞万提斯和莎士比亚等文坛巨匠的伟大作品，尤其是莎士比亚的戏剧，不断登上舞台和银幕。许多文艺复兴时期的作家进入大学课

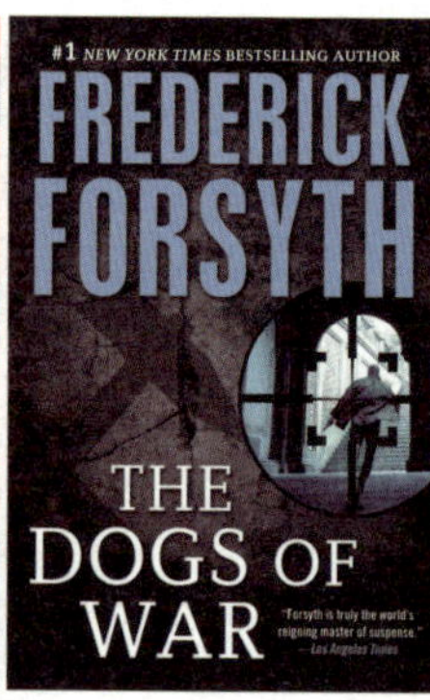

上图：像赫胥黎、福赛斯和毛姆一样，很多作家都深受莎士比亚的影响。

堂，成为师生研究和讨论的对象，他们关于人类处境及人生重大问题如宗教、哲学和政治等方面的观点，得到了传承。文艺复兴时期各民族的语言取代了拉丁语，成为写作的主要语言。今天的读者可以通过阅读这类文本，了解文艺复兴时期的任何一种思想和观念。

莎士比亚作品中的主题、故事情节设置和安排也为现代作家所沿用。有三部名著的书名即出自莎士比亚的诗句。阿道司·赫胥黎的《勇敢的新世界》，出自莎士比亚的《暴风雨》，书中有几处地方也提到了莎士比亚这位吟游诗人①；弗雷德里克·福赛斯的《战争猛犬》，书名出自《裘力斯·恺撒》；威廉·萨默塞特·毛姆的《寻欢作乐》，书名出自《第十二夜》。

莎士比亚还创造了17000多个英语单词和短语，至今仍在使用。他创造的词语有：bedazzled（眼花缭乱）、dauntless（勇敢无畏）、dwindle（日益

① Bard原指古代凯尔特族的吟游诗人。莎士比亚成名后，人们称其为“那位埃文河畔的诗人”（The Bard of Avon）。后来，英国人用简称“巴德”（The Bard）专门指称莎士比亚。——译者注

损耗）、lacklustre（黯淡无光）、swindle（坑蒙拐骗）、unearthly（超凡脱俗）及unreal（如梦似幻）等；短语有：break the ice（打破冷场）、jealousy is the green-eyed monster（嫉妒使人发狂）、melted into thin air（烟消云散）、flesh and blood（血肉之躯）、send him packing（把人打发走）、too much of a good thing（好事过头反成坏事）和the world is my oyster（天地尽在我掌握）等。

约翰·邓恩

现代诗人尤其推崇英国诗人邓恩（1572—1631）。王政复辟之后，他的名望开始下降。但到了19世纪，英国诗人塞缪尔·泰勒·柯勒律治（1772—1834）和后来的罗伯特·布朗宁（1812—1889）均对他的作品情有独钟，邓恩才再度被人们熟知。20世纪的诗人如T. S. 艾略特（1888—1965）和威廉·巴特勒·叶芝（1865—1939）也都对他极为赞赏，艾略特还称他为“现代主义的先驱”。

下图：邓恩一共有21幅肖像画。这幅画中的邓恩看起来颇为忧郁，作者是一位不知名的艺术家，邓恩说这幅画是“在黑影中画的”。

邓恩以其独特的个人风格和奔放自由的韵律影响了后世的诗人，这在当时是一项伟大的创举。这种特点在《封圣》一诗中表露无遗：“看在上帝的面上，

闭上嘴，让我爱你吧。”他的诗歌也包括一些普通题材，如《跳蚤》。邓恩是公认的最早的玄学派诗人，作品中经常出现反讽和愤世嫉俗的话语。邓恩也被称为英国最伟大的爱情诗人，其爱情诗往往紧扣时代的脉搏，比如《早安》这首诗中，一对恋人借用航海大发现表达两人的爱情：

让航海发现家向新世界远游，
让无数世界的舆图把别人引诱，
我们却自成世界，又互相拥有。

邓恩出生于伦敦，曾就读于牛津大学和剑桥大学，但没有获得学位。1592年，他在伦敦的林肯法学院学习法律。1597年，邓恩和沃尔特·雷利爵士一起航行到亚速尔群岛，同年回国担任司法部长托马斯·埃格顿爵士（1540—1617）的秘书。1601年，他与埃格顿夫人的侄女安妮·摩尔秘密结婚，事情败露后成为当时的一桩丑闻。他也因此被革职，还短暂入狱。这对夫妇多年来一直穷困潦倒。邓恩是一位天主教徒，1615年改信英国国教，成为国王詹姆斯一世的牧师。他的布道充满感情，雄浑有力。1621年被任命为伦敦圣保罗大教堂的主持牧师。接下来的十年，邓恩在布道和写作中度过，直至去世。他只在1611—1612年发布了两本名为《周年》的诗集，其他诗歌作品在他生前皆未曾出版。他去世后，1633年和1635年，出版了两本诗歌集。

动人的音乐

文艺复兴时期，人文主义思想在音乐的演变中占据了主导作用。古典音乐以富有表现力的艺术形式、打动人心的力量，取代了宗教音乐的统治地位。意大利人文主义学者马斯里奥·菲奇诺（1433—1499）是当时主要的古典音乐倡导者。他相信音乐与精神有着密切关系，认为歌唱是一种

“神圣的沉思”，认为音乐可以积聚尘世中的精神力量。他根据柏拉图“人性音乐”的概念，提出了“灵魂的音乐”这一观念。

上图：菲奇诺也是一位哲学家和神父，他曾说过：“绝不要担忧任何事情。要活在当下，快乐地活在当下。”

牧歌在15世纪20年代产生于意大利，因歌曲中蕴含戏剧性和情感而流行开来。佛兰德斯的奇普里阿诺·德·罗勒（约1515—1565）是知名牧歌作曲家，后来移居意大利。他强调牧歌要有强烈的感情力量，通过音乐传达出诗篇的内涵。他创作了绚丽多彩的音乐作品，有些描绘了天气的瞬息变化，有些包含了富有表情意义的多个声部。

小提琴是文艺复兴留下来的最知名的音乐财富，出现于16世纪中叶。历史上首批小提琴制作师都来自意大利北部，如克雷莫纳的安德烈亚·阿玛蒂以及加斯帕洛·德·贝托洛蒂（1542—1609）。他们制作的一些小提琴流传至今。世界上现存的最古老的小提琴就是阿玛蒂在1564年制作的。

阿玛蒂家族

安德烈亚·阿玛蒂（约1520—1578）出生于意大利的克雷莫纳，1546年左右制作了世界上第一把小提琴，后经他的儿子改进为现代小提琴。阿玛蒂的小提琴使用琥珀色清漆上色，这一手法沿

上图：1564年，安德烈亚·阿玛蒂为查理九世制造的小提琴，也是他最早为人所知悉的一把小提琴，现藏于牛津的阿什莫尔博物馆。

用至今。阿玛蒂名气打响后，法国国王查理九世（1560—1574年在位）向他预定了38件乐器，包括两种尺寸的小提琴、中提琴和大提琴。这些乐器中保存下来的都带有皇家徽章。

早期的小提琴大多只有三根弦。阿玛蒂增加了一条弦，制作出最早的四弦小提琴，这种四弦小提琴能拉出纯五度音。

阿玛蒂的两个儿子安东尼奥（约1550—1638）和吉罗拉莫（1551—1635）都继承了父业。吉罗拉莫的儿子尼古拉（1596—1684）制作出许多音色绝佳的小提琴，成为一代制琴大师。尼古拉的学生安东尼奥·斯特拉迪瓦里将小提琴制作工艺发展至巅峰，他也来自克雷莫纳。尼古拉的另一个学生安德烈亚·瓜尔内里（约1626—1698）将自己的家族发展为克雷莫纳另一个著名的小提琴制作之家。

斯特拉迪瓦里

安东尼奥·斯特拉迪瓦里（约1644—1737）是尼古拉·阿玛蒂工作室的学徒。1666年，他尚未出师，但已开始制作带有自己风格的小提琴，琴上贴有他的标记。1684年，他尝试改进琴的外形，制作了尺寸更大的小提琴，增加了现代小提琴中的琴桥，琴面弧度平，可以发出动听的女高音音色。1690年，他制作出琴身更长的小提琴。他这一系列尝试最终创作出音质完美的小提琴。有些人认为这部分归功于他有一种清漆的秘方，其配方一直秘而不宣。不过众所周知，斯特拉迪瓦里对细节和材质有着近乎执着的追求，他曾对所使用的枫木进行化学处理。

斯特拉迪瓦里在商业上取得了巨大的成功，当时甚至有“富得像斯特拉迪瓦里一样”的说法。1714—1716年，他的工作室平均每年制作16把小提琴，还制作中提琴、大提琴、吉他和竖琴。据估计，他一生总共制造了1100多把乐器，约有650把留存于世。如今，斯特拉迪瓦里制作的小提琴在拍卖会上可拍出数百万美元的高价。

斯特拉迪瓦里以93岁的高龄去世。他的儿子弗朗切斯科（1671—1743）和奥莫博诺（1679—1742）一直跟随他制琴。父亲去世时，两个儿子都已年过六旬，也就从此退休了。

上图： 1708年，斯特拉迪瓦里制作的“摄政”小提琴，至今仍可以演奏。历经300年的历史，琴的音色更为丰富。

民主与政治

人文主义是推动文艺复兴时期政治脱离宗教和专制统治的主要因素。当时的人们已经厌倦教皇与君主之间、教皇与教皇之间以及各国君主之间的争斗。因此意大利城邦敢于拒绝教皇和君主的统治，奉行主权在民和公民制度等民主政治理念。当然，这种过渡非常艰难，城邦一方面需要抵抗入侵意大利的法国军队，应付1494—1559年的意大利战争；另一方面还要努力驱除马基雅维利等人给民主政治带来的悲观情绪。而且新的民主制度也可能被腐化，最终变成一场镜花水月。尽管如此，城邦的公民最终还是发展成了可以阻止精英家族进入统治集团的体制。城邦规模一般不大，比较容易通过集会或议会的方式影响政府。不过，大多数城邦政府实际上掌握在由少数人控制的寡头统治集团手里。例如，在14世纪的威尼斯有12万人口，但只有大约200个贵族家族的成员可以进入大议会。城邦的行业公会日渐强大，足以将权力从由精英阶层组成的统治集团转移到他们手里，在一些城邦，甚至要加入行业公会才能竞选政府职位。

人文主义政治思想必将产生代议制政府和对个人自由的追求。意大利的五个城邦国家都是某种形式的共和国，都将自己看作希腊和罗马共和国的传承。法国作家和哲学家米歇尔·德·蒙田就是这一观点强有力的支持者，他在著作中一再强调个体的独立和自由。

文艺复兴还发展出一种现代外交形式。当时城邦国在其他国家建立了常驻大使馆，后来这一创举传播至法国和英国等国家。

米歇尔·德·蒙田

米歇尔（1533—1592）原名米歇尔·尤琴姆·德·蒙田，出生于距离法国波尔多48千米的蒙田城堡，家族通过经商积累了财富，他父亲是波尔多市长。他先由德国家庭教师启蒙，后就读于圭恩学院，师从苏格兰人文主义学者乔治·布坎南（1506—1582）。蒙田曾在图卢兹大学学习法律，1557年进入波尔多议会任职。1570年，他辞掉了议会席位，次年回到出生地蒙田城堡。1571—1580年，他撰写了两本《随笔集》，于1580年出版。然后，他在德国、瑞士、奥地利和意大利游历了15个月。在旅行期间，他当选为波尔多市长，1581—1585年在职。他在1587年完成了第三本《随笔集》。同年，他访问巴黎时因支持信奉天主教的国王亨利三世，被新教教会逮捕监禁。在巴黎，蒙田出版了他的第五本《随笔集》。

米歇尔的《随笔集》书名来自英文“essay”（随笔）一词，撰写期间恰逢法国天主教徒和新教徒不断爆发宗教冲突和迫害。蒙田的著作并不完美，其观点也经常改变，提倡只有独立的个体才能寻求真理，独立的个体才不会盲从他人强加的观点。他在书中写道："吾书之素材无他，即吾人也。"他也强调在维护个体自由的同时要与他人保持联系。他主张独立判断，不能盲目接受他人的观点。

美国散文家和诗人拉尔夫·沃尔多·爱默生（1803—1882）、德国古典学者和哲学家弗里德里希·尼采（1844—1900）都非常欣赏蒙田的作品。

上图：坐落在欧洲最大的广场法国波尔多的康孔斯广场上的蒙田雕像。

宗教改革的影响

文艺复兴时期，身处宗教改革漩涡中的人们，既要挣脱罗马天主教会的统治，又要在是否投入新教教会门下的问题上做出抉择。宗教改革自然可以帮助那些内心无法再认同天主教教义的人摆脱束缚，但同时也产生了宗教偏见和迫害，亨利八世与罗马教廷的决裂证实了这一点。即使在今天，由于英国国王同时也是英国国教的领袖，天主教徒也绝无可能成为英国君主。

文艺复兴时期，身处宗教改革漩涡中的人们，既要挣脱罗马天主教会的统治，又要在是否投入新教教会门下的问题上做出抉择。

1572年，在圣巴托洛缪节这天，巴黎天主教徒大肆屠杀新教徒胡格诺派，史称"圣巴托洛缪大屠

上图：法国艺术家胡格诺派教徒弗朗索瓦·杜布瓦1572年的作品，展现了圣巴托洛缪大屠杀的悲剧。

上图：1957年10月27日，约4万人在纽约波罗球场聆听葛培理牧师的布道。

杀”。这次事件说明街头暴力可能会导致新教运动的兴起。这种传统一直延续至今。在北爱尔兰，两个宗教门派的支持者不仅发生冲突，还影响了政治。

美国也感受到了宗教给政治带来的影响。在1960年富于个人魅力的约翰·肯尼迪于成为总统候选人之前，美国两大政党仅在1928年推选出一位天主教候选人阿尔·史密斯，他后来在竞选中惨败。他的反对者认为，作为天主教徒，他会听令于教皇。自那以后，美国再没有出现过信奉天主教的总统候选人。新教的电视布道家甚至呼吁信徒参与某些政治选择，一个突出的例子就是杰瑞·法威尔，他是一名保守派活动家，1979年成立了道德多数派。有人认为他在1980年帮助罗纳德·里根当选总统。

尽管今天仍存在宗教偏见残余，但路德在文艺复兴时期发起的宗教改革催生了约3.3万个新教教派，这些教派都与天主教会和平共处。美国福音派教会的布道家葛培理牧师在传教上取得的巨大成功充分表明，文艺复兴时期大放异彩的新教如今魅力依旧。葛培理的传教事业在20世纪40年代达到巅峰，他至今已在185个国家和地区向近2.15亿人进行了布道。

第二次梵蒂冈大公会议

1962—1965年，罗马天主教会召开第二次梵蒂冈大公会议（VATICAN II，以下简称“梵二会议”），会议做出了重大变革，这是对人文主义和宗教改革迟来的回应。会议由教皇约翰二十三世（1958—1963年在位）召集，是近一个世纪以来首

下图：1962年10月11日，主教们进入圣彼得大教堂参加梵二会议。参加此次会议的还有红衣主教和其他教会要员。

次审查教义问题的“普世会议”。在罗马圣彼得大教堂，主教们通过了16份文件，以帮助天主教会与现代世界接轨。自宗教改革以来，天主教会一直缺乏变通，如今它终于做出了首次改变。

梵二会议后，天主教的弥撒可以使用世俗语言。天主教徒可以与其他教派的基督徒一起祈祷，因为他们都信奉上帝，改变了以前天主教徒不应在非天主教堂中做礼拜的观念。神父要面对会众，而不是背对他们，这向信徒表明他们是礼拜的重要组成部分。天主教不再秉持犹太人杀害基督的观念，而将犹太人看作与上帝订立圣约之人。另外，天主教会也承认了其与犹太教的渊源。

杰瑞·法威尔

杰瑞·法威尔（1933—2007）出生在美国弗吉尼亚州的林奇堡，原名杰瑞·莱蒙·法威尔，父亲是一位无神论者。他称自己18岁时“就信奉耶稣基督”。他先就读于林奇堡学院，1956年毕业于密苏里州斯普林菲尔德的浸会圣经学院。同年，法威尔回到林奇堡，建立了拥有35名成员的托马斯路浸会教会，并创立《旧日福音时光》的节目，在广播和电视上进行布道。1971年，他在林奇堡创立了自由圣经学院（即自由大学），并亲自掌管。他是保守的原教旨新教教徒，谴责同性恋、堕胎和女权主义等“不敬上帝”的行为，但放弃了他早期对种族隔离的支持态度。

法威尔信奉政治行动主义，于1979年成立了道德多数派组织，这是一个保守的政治游说组织，宗旨是“反堕胎，支持传统家庭，支持道德，强调美国至上及支持以色列”。他认为吸取会员的方法是“让他们得救、受洗并入会”。道德多数派使得宗教右翼组织成为一种政治力量。其会员曾达数百万人，还可能帮助过里根当选总统。1989年，法威尔称该组织的使命已经完成，因此解散了该组织。20世纪80年代，他撰写了《听，美国！》（1980）和《上帝的拥护者》（1985）等著作。

法威尔一直支持共和党，严厉批评民主党和比尔·克林顿总统。2004年，他成立了信仰和价值观联盟（即后来的道德多数联盟）。他去世时，教会成员已从最初的35人发展到2万多人。他称他创办的国际电视节目有超过5000万的观众。

上图：法威尔的政治、社会和宗教理念彼此难以区分，吸引了大批保守的支持者。

精神财富的延续

文艺复兴给世界留下了不可磨灭、包罗万象的宝贵财富，其影响延续至今。我们自然可以清楚地从世界各地宏伟的建筑中看到文艺复兴的烙印，但文艺复兴带给世界的影响更多是在艺术、文学、音乐、哲学、医学、科学、政治以及宗教等领域，这些影响极为微妙又不易察觉。最重要的是，文艺复兴赋予人们一种崭新的人文主义的思维方式，使人们摆脱桎梏，获得自主的能力，将命运掌握在自己的手里。

参考文献

1. Anderson, Christy, *Renaissance Architecture*, Oxford University Press, 2013.
2. Armstrong, Carol M.; Bailey, Colin B., *Manet: Portraying Life*, Royal Academy of Arts, 2013.
3. Aston, Margaret (Ed.), *Renaissance Complete*, Thames & Hudson, 2009.
4. Atlas, Alan W., *Renaissance Music*, W. W. Norton, 1998.
5. Bergreen, Laurence, *Columbus: The Four Voyages, 1492-1504*, Penguin, 2013.
6. Burckhardt, Jacob, *The Civilization of the Renaissance in Italy*, Penguin Classics, 1990.
7. Campbell, Gordon (Ed.), *The Oxford Illustrated History of the Renaissance*, Oxford University Press, 2019.
8. Campbell, Stephen J., *A New History of Italian Renaissance Art*, Thames & Hudson, 2017.
9. Celenza, Christopher S., *Petrarch: Everywhere a Wanderer*, Reaktion Books, 2017.
10. Chapman, Alan, *Stargazers: Copernius, Galileo, the Telescope and the Church*, Lion Books, 2014.
11. Cliff, Nigel, *The Last Crusade: The Epic Voyages of Vasco da Gama*, Atlantic Books, 2013.
12. Comerford, Brendan, *The Pilgrim's Story: The Life and Spirituality of St. Ignatius Loyola*, Messenger Publications, 2017.
13. Crowley, Roger, *Conquerors: How Portugal Forged the First Global Empire*, Faber & Faber, 2016.
14. Crowley, Roger, *Constantinople: The Last Great Siege, 1453*, Faber & Faber, 2013.
15. Davis, Robert C.; Lindsmith, Beth, *Renaissance People: Lives that Shaped the Modern Age*, Thames & Hudson, 2019.
16. Eclercy, Bastian, *Titian and the Renaissance in Venice*, Prestel Publishing, 2019.
17. Eire, Carlos M. N., *Reformations: The Early Modern World, 1450-1650*, Yale University Press, 2016.

18. Faber, Toby, *Stradivari's Genius*, Random House Trade, 2006.

19. Field, J. V., *The Invention of Infinity: Mathematics and Art in the Renaissance*, Oxford University Press, 1997.

20. Fudge, Thomas A., *The Trial of Jan Hus*, Oxford University Press, 2013.

21. Gamberini, Andrea, *The Italian Renaissance State*, Cambridge University Press, 2014.

22. Goldthwaite, Richard A., *The Economy of Renaissance Florence*, Johns Hopkins University Press, 2011.

23. Gray, Hanna Holborn, *Renaissance Humanism*, Bobbs-Merrill, 1963.

24. Greenstein, Jack M., *The Creation of Eve and Renaissance Naturalism*, Cambridge University Press, 2016.

25. Hibbert, Christopher, *The Rise and Fall of the House of Medici*, Penguin, 1979.

26. Holmes, George, *Art and Politics in Renaissance Italy*, Oxford University Press/British Academy, 1995.

27. Isaacson, Walter, *Leonardo da Vinci*, Simon & Schuster, 2018.

28. Lahey, Stephen Edmund, *John Wyclif*, Oxford University Press, 2008.

29. Man, John, *The Gutenberg Revolution*, Bantam, 2009.

30. Metaxas, Eric, *Martin Luther*, Viking Press, 2017.

31. Nethersole, Scott, *Art in Renaissance Florence: A City and its Legacy* , Laurence King, 2019.

32. O'Malley, John W., *What Happened at Vatican II*, Harvard University Press, 2010.

33. Porras, Stephanie, *Art of the Northern Renaissance: Courts, Commerce and Devotion*, Laurence King, 2018.

34. Richmond, Robin, *Michelangelo and the Creation of the Sistine Chapel*, Random House, 2001.

35. Riggs, David, *The World of Christopher Marlowe*, Faber & Faber, 2005.

36. Sawday, Jonathan, *The Body Embrazoned: Dissection and the Human Body in Renaissance Culture*, Routledge, 1996.

37. Smith, Emma, *This is Shakespeare*, Pelican Books, 2019.

38. Vanhoutte, Jacqueline, *Age in Love: Shakespeare and the Elizabethan Court*, University of Nebraska Press, 2019.

39. Welch, Evelyn, *Art in Renaissance Italy, 1350- 1500*, Oxford University Press, 2000.

40. Wolf, Norbert, *Albrecht Durer*, Prestel, 2017.

图片来源

Alamy（图片网站，页码后的括号内标示网站上的版块或栏目、照片摄影作者或提供方，或图像提供方等）：2 (Ian Dagnall Computing), 8 (Classic Image), 10 (Pictures Now), 13 (B Christopher), 15 (The Picture Art Collection), 17 (Science History Images), 19 (Peter Horree), 20 (Pictorial Press), 21 (Archivart), 26 (Classicpaintings), 34-35 & 38 (BAE Inc), 39 (Classicpaintings), 52 (incamerastock), 58 (Ian Dagnall), 60 (Historical Images Archive), 62 (Glasshouse Images), 64 & 66 (Chronicle), 67 (Hirarchivum Press),68 & 69 (Dennis Hallinan), 71 (Pictures Now), 74 & 77 (Pictorial Press), 78 (Pictures Now), 80 (Chronicle), 83 (Glasshouse Images/JT Vintage), 86 (Lebrecht/Derek Bayes), 89 (Falkensteinfoto), 91 (Science History Images), 93 (Artokoloro Quint Lox), 95 (Historical Images Archive), 97 (Everett Collection), 98 (interfoto), 113 (colaimages), 115 (Ian Dagnall), 116 (The Picture Art Collection), 117 (Niday Picture Library), 121 (Everett Collection), 125 (Ian Dagnall Computing), 130 (Archivart), 132 (Steve Davey Photography), 134 (Everett Collection), 144 (Chronicle), 147 (Lebrecht), 150 (Falkensteinfoto), 151 (Lebrecht), 153 (GL Archive), 154 (Science History Images), 155 (Akademie), 158 (Universal Art Archive), 159 (Travelshots. com/PeterPhipp), 160 (Chronicle), 162 (Lebrecht), 163 (Print Collector), 164, 165 & 169 (Lebrecht), 174 (Pictures Now), 175 (Ian Patrick), 176 (Lebrecht), 178 (Interfoto), 179 (Realy easy Star), 180 (Florilegius), 182 (Interfoto), 184 & 185 (Prima Archivo), 186 (GL Archive), 188 (Ian Dagnall), 189 (North Wind Picture Archives), 192 (Peter Horree), 194 (Prisma Ar c h iv o), 195 (Cl a ssi c Ima g e), 200 (Archive Images), 201 (North Wind), 203 (Pictorial Press), 204 (Alpha Historica), 205 (North Wind), 206 (Pictorial Press), 207 (Photo 12), 212 (Matthew Corrigan), 216 (Dennis Cox), 217&219 (GL Archive), 218 (Peter Horree), 220 (The Picture Art Collection), 222 (Nick Fielding), 227 (Fine Art), 228 (Classicpaintings), 230 (Giovanni Tagini), 231 (Alex Ramsay),

232 (John Cairns), 234 (Prisma Ar chivo), 235 (Ol eksiy Maksymenko Photography), 236 (Classic Image), 245 (Science History Images), 247 (Lebrecht), 252 (Alpha Historica), 253 (DPA Picture Alliance Archive), 255 (Keystone Press) Alamy/ Granger Historical Picture

Archive（Alamy图片网站中的历史版块）：84, 85,118, 124, 140, 148, 170, 238

Alamy/Heritage Image Partnership（Alamy和Heritage Image两家图片网站提供）：57, 75 (Heritage Image Partnership/Ashmolean Museum), 86, 143, 187, 198-199, 246

Alamy/World History Archive（Alamy图片网站中的世界历史栏目）：47, 63, 142, 146, 167, 197, 221, 226

Amber Books/Art-Tech（琥珀出版社）：127, 128, 241

Br idgeman Image s（图片网站，括号内为照片摄影作者或提供方，或画作收藏方）：40 (Louvre Paris), 108 & 109 (DeAgostini/ G Dagli Orti), 131 (Peter Newark Pictures), 136 (State Hermitage Museum St.Petersburg), 139 (Biblioteca Queriniana, Brescia), 173 (DeAgostini), 209 (DeAgostini/G. Dagli Orti), 210, 237 (Archives Charmet), 243 (National Portrait Gallery), 250-251 (DeAgostini/G. Dagli Orti)

Dreamstime（图片网站，括号内为照片摄影作者或提供方，或画作收藏方）：11 (Kisgmarkiza), 24 (Gina Sanders), 27 (Raluca Tudor), 29 (Ruchaneewan Togran), 31 (Ivan Vander Biesen), 33 (Giorgios Kollidas), 34-35 (Jaroslav Moravcik), 42 (photogolfer), 43 (Adrian Vieriu), 44-45 (Stanisa Martinovic), 49 (Marsana), 120 (Songquan Deng), 190 (Alan Piscaglia), 214 (Mistervlad), 249 (Barrique)

Getty Images（图片网站，括号内为照片摄影作者或提供方，或画作收藏方）：28 (Mondadori Portfolio), 41 (Archive Photos/Paul Thompson/FPG), 73 (ullstein bild), 76 (Science & Society), 156-157 (Graphica Artis), 223 (The National Archive/SSPL), 239 (DeAgostini)

Library of Congress（美国国会图书馆）：100, 105, 106 Photos.com（图片网站）: 123

Shutterstock（美国摄影机构，括号内为摄影作者或提供方）：4-5 (Lestertair), 6 (Georgios Kollidas), 9 (Everett Historical), 65 (Goran Bogicevic)